Nicola Crossley
Luciana Ziglio

# Gehirnjogging
## Englisch

**Hueber Verlag**

4. 3. 2.          | Die letzten Ziffern
2015 14 13 12 11  | bezeichnen Zahl und Jahr des Druckes.
Alle Drucke dieser Auflage können, da unverändert,
nebeneinander benutzt werden.
1. Auflage
© 2010 Hueber Verlag, 85737 Ismaning, Deutschland
Umschlaggestaltung: Parzhuber und Partner, München
Fotogestaltung Cover: wentzlaff I pfaff I güldenpfennig kommunikation gmbh,
München
Coverfoto: © fotolia/Peter Hansen
Zeichnungen: © Paola Giovinazzo, Trento
Redaktion: Stephanie Pfeiffer, Hueber Verlag, Ismaning
Layout: Erwin Schmid, Hueber Verlag, Ismaning
Satz: appel media, Oberding
Druck und Bindung: Auer Buch + Medien GmbH, Donauwörth
Printed in Germany
ISBN 978–3-19–007931-5

**Vorwort** . . . . . . . . . . . . . . . . . . . . . . . . . . . . . . . **4**

**Einführung** . . . . . . . . . . . . . . . . . . . . . . . . . . . . . **7**

**Memo-Tipps** . . . . . . . . . . . . . . . . . . . . . . . . . . . . **14**

**Übungen** . . . . . . . . . . . . . . . . . . . . . . . . . . . . . **23**

**Lesestrategien** . . . . . . . . . . . . . . . . . . . . . . . . . . **115**

**Lösungen** . . . . . . . . . . . . . . . . . . . . . . . . . . . . **133**

**Glossar** (Englisch – Deutsch) . . . . . . . . . . . . . . . . . . **144**

**Gehirnjogging Englisch** verbindet auf unterhaltsame Weise das Erlernen der Fremdsprache – v. a. der Vokabeln – mit bewährten Techniken des Gedächtnistrainings. Die angebotenen spielerischen Übungen helfen dabei, die Sprachkenntnisse zu verbessern, den Wortschatz langfristig im Gedächtnis einzuprägen sowie Lesestrategien zu verbessern und logisches Denken zu testen.

Die dabei angewendeten Merktechniken lassen sich natürlich unabhängig von den hier angebotenen Übungen und Inhalten auch auf andere Kontexte des Fremdsprachenlernens sowie auch des Alltagsgedächtnisses übertragen.

**Gehirnjogging Englisch** wendet sich sowohl an Selbstlerner, als auch an Kursteilnehmer, die bereits mit dem Englischlernen begonnen haben. Die in den Übungen vorkommenden Vokabeln, Themen und Strukturen bewegen sich innerhalb der Niveaus A1-A2 des Gemeinsamen Europäischen Referenzrahmens für Sprachen.

Zum Aufbau von **Gehirnjogging Englisch:**
Bevor die Übungen beginnen, wird kurz auf die Funktionsweise unseres Gehirns und Gedächtnisses eingegangen (S. 7–13). Daran schließt eine Reihe von Erklärungen der für die Übungen nützlichen Merktechniken (Memo-Tipps) an (S. 14–22).
Auf die jeweils anwendbaren Memo-Tipps wird auch neben jeder Übung durch das Symbol ▶ Memo-Tipp nochmals verwiesen (z. B. ▶ Memo-Tipp 3A).

Die Übungen (ab S. 23) nehmen größtenteils jeweils zwei Seiten ein: Die erste (= rechte) Seite dient dabei dem Einprägen und Üben der englischen Vokabeln, Strukturen oder Texte und ist gekennzeichnet durch die Kopfzeile **MERKEN**.

Die zweite (= linke) Seite – gekennzeichnet durch die Kopfzeile **ANWENDEN** – fordert nach dem Umblättern anhand gezielter

Fragen bzw. Aufgaben dazu auf, zu testen, ob man sich alles gemerkt hat. Die Nummerierung der Übungen stimmt auf beiden, zu einer Übung gehörenden Seiten jeweils überein.

Unterbrochen werden die auf zwei Seiten angelegten Übungen hin und wieder durch sogenannte **VERSCHNAUFPAUSEN**, d. h. Übungen, die das „Jogging" unterbrechen und die Aufmerksamkeit auf andere Bereiche der Konzentration, Logik und Aufmerksamkeit lenken.

Die Übersetzung der in den Übungen verwendeten Vokabeln befindet sich im alphabetischen Wörterverzeichnis im Anhang (ab S. 144). Evtl. unbekannte Wörter können dort jederzeit nachgeschlagen werden. Die Lösungen zu den Aufgaben erfolgen entweder durch den Zusammenhang der beiden oben beschriebenen Teilschritte der Übungen oder befinden sich im Anhang (ab S. 133).

Generell handelt es sich in diesem Buch um kurze Übungen, die keinen großen täglichen Aufwand erfordern. Man könnte sie mit einer Reihe von Schritten vergleichen, die zusammen – wie bei einem echten Trainingsprozess – eine Wegstrecke ergeben. Dabei sollte man folgende Grundregel nicht aus den Augen verlieren: Lieber öfter ein kurzes Training absolvieren, als nur einmal ein langes!

**Gehirnjogging Englisch** folgt der Philosophie des „Edutainments", also dem unterhaltsamen Lernen. Denn die größte Hürde für das Lernen, das Gedächtnis und die Konzentration ist die Langeweile. Darum haben wir uns bemüht, die Übungen abwechslungsreich zu gestalten, um nicht zuletzt die Vorlieben aller Lernertypen zu berücksichtigen und gleichzeitig auch jeden Lerner mit neuen und vielleicht ungewohnten Lerntechniken zu konfrontieren.

Mehr Englisch und gleichzeitig mehr Gedächtnisleistung – das sind die Ziele, die mit Hilfe von **Gehirnjogging Englisch** auf eine ebenso spielerische wie ernstzunehmende Weise verfolgt werden. Eine doppelte Herausforderung also. Packen wir's an!

Viel Erfolg und Vergnügen wünschen

Autorinnen und Verlag

### Wie funktionieren unser Gehirn und unser Gedächtnis?

Bevor wir Sie mit dem Training anfangen lassen, möchten wir Ihnen auf wenigen Seiten und mit einfachen Worten einige grundlegende Dinge zu unserem Gehirn und Gedächtnis näher bringen.

Unser Gehirn kann mit einem Muskel verglichen werden, der trainiert werden muss, damit er im Laufe der Zeit nicht seine Leistungsfähigkeit verliert. Die Neurowissenschaften bestätigten uns, dass ein wacher Geist genauso getrimmt werden muss wie unser Körper beim Sport. Eine gute mentale Fitness erreicht man also nur durch regelmäßiges Üben und natürlich auch die alltägliche Inanspruchnahme unseres Gedächtnisses.

Um sich mental fit zu halten und im besten Fall das Gehirn um ein paar Jahre zu verjüngen, helfen – neben einer bewussten Förderung und Forderung des Gehirns im Alltag – auch Gedächtnisübungen und -spiele sowie nicht zuletzt das Erlernen einer Fremdsprache.

Die Verbindung „Übung – Spiel – Gedächtnis" erlaubt es, sich Vokabeln, Nummernreihen, Aufzählungen, Bilder, Reime und Lieder zu merken, indem beide Teile des Gehirns gestärkt werden: zum einen die Schärfung des analytischen und logischen Denkens (linke Gehirnhälfte) und zum anderen die Förderung der Fantasie und Kreativität (rechte Gehirnhälfte).

### Das Gedächtnis

Wenn man von ‚Gedächtnis' spricht, muss man Ultrakurzzeitgedächtnis, Kurzzeitgedächtnis und Langzeitgedächtnis voneinander unterscheiden.

Das Ultrakurzzeitgedächtnis speichert und verarbeitet neue Informationen, die uns über diverse Eingangskanäle erreichen (z. B. Sinneswahrnehmungen wie visuelle oder akustische Reize, aber auch Emotionen), nur sehr kurz. Erst wenn das Ultrakurzzeitgedächtnis entscheidet, dass die eingegangene Information so wichtig ist, dass sie weiter bearbeitet werden muss – z. B. weil sie sich unserer Aufmerksamkeit aufdrängt oder weil wir uns bewusst dafür interessieren –, wird eine Weiterleitung an das Kurzzeitgedächtnis erfolgen.

Das Kurzzeitgedächtnis kann Informationen mehrere Minuten lang speichern (durchschnittlich ca. 40 Minuten). Es ist vergleichbar mit dem Arbeitsspeicher eines Computers, der ebenfalls nur eine begrenzte Kapazität hat. Das Kurzzeitgedächtnis verarbeitet Informationen, die in dem jeweiligen Augenblick von Interesse sind und muss vor dem Verarbeiten neuer Informationen wieder entleert werden. Was für uns wichtig ist und was wir unbedingt behalten wollen, müssen wir daher im Langzeitgedächtnis speichern.
Beim Lernen ist es daher wichtig, nach ca. 40 Minuten eine Pause einzulegen, damit die Informationen verarbeitet werden können und man das Kurzzeitgedächtnis nicht überfrachtet.

Das Langzeitgedächtnis hat einen unbegrenzten Speicher und behält die Informationen, die dort ankommen, dauerhaft. Wenn von Gedächtnistraining oder Gehirnjogging die Rede ist, handelt es sich darum, diesen Bereich unseres Gedächtnisses zu trimmen. Informationen, die im Langzeitgedächtnis gespeichert sind, haben entweder einen großen „Eindruck" auf uns hinterlassen (z. B. besondere Erlebnisse), wurden durch Assoziationen (z. B. zu Vorwissen) gut aufbereitet und sind daher schnell wiederauffindbar, oder wurden durch Wiederholungen (z. B. in Lernprozessen) gefestigt.

## Gedächtnis und Lernen

Eine wichtige Rolle für die Entfaltung des Gedächtnisses und den Lernerfolg spielen die folgenden Faktoren: Das Lernen sollte nach Möglichkeit immer in derselben Räumlichkeit stattfinden, die gut gelüftet, erholsam und einladend ist (oft reicht schon ein wenig Musik im Hintergrund und ein bisschen Ordnung). Legen Sie eine bestimmte Zeit zum Lernen fest, an die Sie sich dann halten, wenn möglich mit einem Abstand zu Erschöpfungsphasen und Mahlzeiten. Denken Sie beim Lernen auch an angemessene Pausen und Bewegung. Trinken Sie viel Wasser, das erleichtert dem Gehirn die Arbeit, und nehmen Sie nur leichte Speisen zu sich, die den Organismus nicht belasten und damit eine für das Lernen schädliche Schläfrigkeit verhindern.

Für Ihren persönlichen Lernerfolg ist es wichtig, sich über die Lernvorlieben bewusst zu werden. Überlegen Sie, was für ein „Lerntyp" Sie sind. Beantworten Sie dafür die folgenden Fragen mit „Ja" oder „Nein".

| | JA | NEIN |
|---|---|---|
| 1. Benutzen Sie vorwiegend die rechte Gehirnhälfte (Fantasie und Gefühle)? | ☐ | ☐ |
| 2. Benutzen Sie vorwiegend die linke Gehirnhälfte (Logik, Vernunft, Abstraktion)? | ☐ | ☐ |
| 3. Sind Sie ein visueller Lerner? Helfen Ihnen Bilder beim Lernen? | ☐ | ☐ |
| 4. Hören Sie beim Lernen gerne Musik? | ☐ | ☐ |
| 5. Zeichnen Sie gerne? | ☐ | ☐ |
| 6. Bewegen Sie sich oft, wenn Sie lernen? Stehen Sie oft auf, dehnen Sie sich, gehen Sie ein paar Schritte im Raum umher? | ☐ | ☐ |

Die folgende Aufstellung verrät Ihnen, welche Memo-Tipps Ihrem Lernverhalten am nächsten kommen. Sehen Sie sich dabei nur die Memo-Tipps an, die sich auf die von Ihnen mit „Ja" beantworteten Fragen beziehen. Sie werden sich im Folgenden bei den zu diesen Memo-Tipps gehörigen Übungen leichter tun, als bei anderen. Eine Erläuterung der genannten Memo-Tipps finden Sie ab Seite 14.

1. Frage ▶ **Memo-Tipps** 3B, 3C, 3E, 3G, 5, 6, 7

2. Frage ▶ **Memo-Tipps** 3F, 4, 8, 10

3. Frage ▶ **Memo-Tipp** 3E

4. Frage ▶ **Memo-Tipps** 3B, 3C

5. Frage ▶ **Memo-Tipps** 3D, 3E

6. Frage ▶ **Memo-Tipp** 3D

Aber warum sollte man nicht auch andere, bisher ungenutzte Techniken und Strategien ausprobieren? Sie könnten auf diese Weise positive Erfahrungen machen und neue Seiten an sich und Ihrem Lernverhalten entdecken. Vielleicht behalten Sie die eine oder andere hinzugewonnene Technik sogar in Zukunft bei.

Testen Sie auf den folgenden zwei Seiten nun Ihre Auffassungs- und Beobachtungsgabe. Die Beispielübungen zum Wörtergedächtnis enthalten an dieser Stelle noch deutsche Wörter. Sie begegnen hier nun auch der in den folgenden Übungen (ab S. 23) verwendeten Seitenaufteilung in **MERKEN** (rechte Seite) und **ANWENDEN** (linke Seite).

**1.** **Lesen Sie die folgenden Wörter ca. 30 Sekunden lang.**
**Versuchen Sie dabei, sich die Wörter einzuprägen.**
**Blättern Sie im Anschluss daran eine Seite weiter.**

| Brot | Fenster | Buch | Wald | Liebe |
|------|---------|------|------|-------|
| sprechen | zwei | Berlin | Neffe | Adresse |

**2.** **Prägen Sie sich die folgenden Wörter ein. Blättern Sie dann um.**

| Arm | Bein | Kopf | Hand | Fuß |
|-----|------|------|------|-----|
| Auge | Mund | Nase | Knie | Hals |

**3.** **Sehen Sie sich die Spielkarten eine Minute lang an.**

**4.** **Bilden Sie den Zahlenkasten in Gedanken eine Minute lang ab.**

| 8 | 0 | 7 |
|---|---|---|
| 2 | 4 | 9 |
| 6 | 5 | 1 |

**1.  Wie ist es Ihnen ergangen? Haben Sie sich alle Wörter gemerkt? Versuchen Sie die Wörter aufzuschreiben.**

_____

_____

**2. Unterstreichen Sie die neuen Wörter.**

Mund    Hüfte    Arm    Bein    Kopf    Hand    Ellenbogen

Fuß    Auge    Nase    Knie    Lippen    Hals    Ohr

**3. Welche Karten sind verschwunden?**

**4. Beantworten Sie die Fragen.**

a. Wie lautet die Zahl in der Mitte?    _____

b. Was ergibt sich, wenn Sie die Zahlen der ersten Spalte zusammenzählen?    _____

c. Was erhalten Sie, wenn Sie die letzte Zahl von der ersten abziehen?    _____

Betrachten wir das Ergebnis der ersten beiden Aufgaben. Wenn es Ihnen gelungen ist, sich sechs oder sieben der Wörter zu merken, haben Sie schon ein recht gutes Gedächtnis.

In beiden Aufgaben war es das Ziel, sich zehn Wörter zu merken. Es handelte sich bei beiden Aufgaben um Wörter des Basiswortschatzes. Überlegen Sie nun, welche der beiden Aufgaben Ihnen einfacher vorkam und warum.

Sicherlich war die zweite Aufgabe für Sie leichter, ganz einfach deshalb, weil die Wörter sich alle im Umfeld ein und desselben Bedeutungsbereichs befinden und sich Verknüpfungen (Assoziationen) dadurch schneller bilden.

Mit den im Folgenden dargestellten Memo-Tipps wollen wir Sie unterstützen, solche Assoziationen zu bilden. Sie werden Ihnen helfen, Ihr Gedächtnis zu verbessern.

Wenn Sie die dritte und vierte Aufgabe lösen konnten, Kompliment. Falls nicht, wird Ihnen dieses Buch auch in diesem Bereich weiterhelfen, denn Sie werden Aktivitäten vorfinden, in denen Sie auch Ihre Beobachtungsgabe trainieren werden.

### 1. Grundregel

Beim Joggen ist es schlecht, nur einmal in der Woche vier Stunden am Stück zu trainieren. Das Gleiche gilt für das (Sprachen-) Lernen. Es ist besser, sich beständig ca. 20 Minuten am Tag anzustrengen (am besten zehn Minuten am Morgen und zehn Minuten am Nachmittag), als vier Stunden ununterbrochen an einem einzigen Tag. Und wenn Sie einmal nicht die Zeit oder die Energie haben, sich einem neuen Lernstoff – wie z. B. neuen Vokabeln – zu widmen, dann blättern Sie wenigstens ein paar Minuten Ihre Lernkartei durch (vgl. Memo-Tipp 2).

### 2. Lernkartei

Man lernt – besonders Vokabeln – auch, wenn man das Gelernte aufschreibt. Schreiben Sie also jede englische Vokabel, die Sie lernen möchten, auf Karteikarten.

Vorderseite                             Rückseite

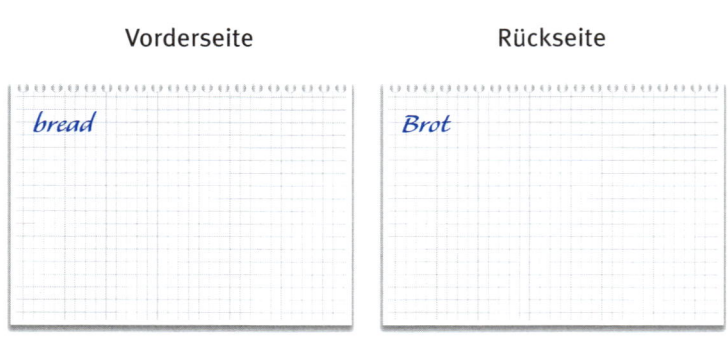

Bauen Sie sich auf diese Weise eine Lernkartei auf. Schreiben Sie die verschiedenen Vokabeln jeweils auf Karteikärtchen – evtl. auch mit Angaben zu Artikel, unregelmäßigen Pluralformen, Betonungen etc.

Unterteilen Sie die Lernkartei in drei Bereiche. Verwenden Sie für die Unterteilung z. B. Karteikarten in einer anderen Farbe oder Größe. Ganz hinten ordnen Sie diejenigen Karteikarten ein, deren Vokabeln sie meinen zu beherrschen, in der Mitte diejenigen, die Sie weniger gut beherrschen und ganz vorne diejenigen, die neu oder nicht (mehr) bekannt sind.

Beginnen Sie beim Lernen bzw. Wiederholen immer vorne in der Lernkartei (Bereich der neuen oder nicht gewussten Vokabeln) und arbeiten Sie sich dann in den nächsten Bereich vor. Vergessen Sie dabei nicht, dass man ab und zu auch diejenigen Vokabeln wiederholen muss, die man zu kennen glaubt. Ziel ist es, den dritten Bereich – also die Anzahl der beherrschten Vokabeln – mehr und mehr zu erweitern. Dadurch steigern Sie den Langzeit-Lerneffekt.

Wiederholen Sie die Vokabeln ab und an auch in umgekehrter Sprachreihenfolge. Und denken Sie daran, auf den Kartei-kärtchen Platz für neue Wörter oder Satzbeispiele zu lassen. Die Karteikarte von S. 14 könnte nach einiger Zeit so aussehen:

| Vorderseite | Rückseite |
|---|---|
| bread | Brot |
| I often eat bread. | Ich esse oft Brot. |
| stale, fresh, dry bread | altes, frisches, trockenes Brot |
| baker, bakery | Bäcker, Bäckerei |
| this is my bread and butter | damit verdiene ich mir meinen Lebensunterhalt |

Auf diese Art und Weise wird die Lernkartei für Sie interessanter und wirkungsvoller, weil sie nach Ihren eigenen Bedürfnissen und Maßstäben angelegt ist.

### 3. Assoziationstechniken

Es gibt viele verschiedene Assoziationstechniken. Assoziation meint hierbei Verknüpfung und bedeutet in Bezug auf unser Gedächtnis, dass ein Assoziationsglied eine andere oder sogar mehrere andere Assoziationen zur Folge hat. Die Fähigkeit zu assoziieren ist also eine der Grundvoraussetzungen für unser Gedächtnis. Grundlage für gutes Assoziieren sind eine gute Vorstellungskraft, Kreativität und Fantasie. Besonders wirksam sind zusätzlich Verknüpfungen mit unserem Alltagsleben, so z. B. die Zuordnung von Eigenschaftswörtern zu Personen, auf die diese zutreffen: *Peter is lazy*.

### 3A Synonyme, Gegenteile und semantische Felder

Verknüpfen Sie ein Wort mit seinen Synonymen (= sinnverwandte Wörter, z. B. *quick = fast*), seinen Gegenteilen (z. B. *beautiful ≠ ugly*), lernen Sie es zusammen mit einem geeigneten Adjektiv (z. B. *year → school year*) oder ordnen Sie es in ein semantisches Feld ein (= Wörter die demselben Bedeutungsbereich entspringen, z. B. *tree, jungle, forest, ...*).

### 3B Klänge und Geräusche

Wörter lassen sich natürlich auch mit Musik, Klängen oder Geräuschen in Verbindung bringen. Haben Sie nicht auch schon versucht, den Text eines schönen fremdsprachigen Liedes zu verstehen? Vielleicht haben Sie auch versucht, das Lied auswendig zu lernen. Sie werden dabei gemerkt haben, dass die Verbindung Text – Melodie beim Lernen sehr nützlich ist. Genauso können Sie versuchen jeden anderen zu lernenden Text mit einer Melodie, die Sie gut kennen, zu verbinden.

### 3C Reime

Auch Reime sind Teil der Wort-Assoziationen aus dem Bereich der Musik bzw. Rhythmik. Reime helfen dabei, sich Wörter oder Sätze besser zu merken und zu erinnern, auch wenn sie insgesamt Unsinn ergeben. Sie werden vielleicht feststellen, dass Sie sich absurde Reime besonders gut merken können: Does it **rain** on the **train**? Peter put a **bean** in the washing mach**ine**.

### 3D Bewegung

Das, was Sie lernen, kann in eine körperliche Aktivität oder Bewegung verwandelt werden. Sie können beispielsweise beim Lernen durch Ihre Wohnung gehen und auf die Dinge, deren Bezeichnung Sie in der Fremdsprache lernen möchten, zeigen und das entsprechende Wort dabei laut aussprechen.
Auch das Bewegen der Hand bzw. des Armes beim Zeichnen dessen, was man lernen möchte, gehört zu dieser Technik.
Falls Sie sich beim Lernen bisher nicht bewegt haben und dieser Möglichkeit eher skeptisch gegenüberstehen, vielleicht möchten Sie es einmal ausprobieren?

### 3E Bildhaftes Denken

Vor allem dem visuellen Lerntyp hilft die Assoziation Wort-Bild. Es ist erwiesen, dass unser Gedächtnis Bilder sehr viel besser speichert als Wörter. Sie können also z. B. in Ihrer Lernkartei Bilder oder Zeichnungen neben den jeweiligen Begriffen bzw. Sätzen anbringen.
Sie können aber auch versuchen, sich Bilder zu „erdenken". Schließen Sie dabei die Augen und erstellen Sie eine Gedankenverbindung zu dem zu lernenden Wort oder Satz durch ein Bild. Es ist ganz wichtig, dass Sie dieses Bild „sehen" – z. B. versuchen es auf Ihr Lid zu projizieren – und nicht nur daran denken.

### 3F Zahlen

Zahlen lassen sich mit Formen oder Reimen assoziieren. Mit diesen Techniken ist es möglich, sich PINs, Telefonnummern, wichtige Daten etc. zu merken.
Die Verbindung Zahl-Form arbeitet mit formähnlichen Bildern, die den Zahlen jeweils zugewiesen werden. Wie bereits erläutert, kann sich unser Gedächtnis Bilder besser merken als abstrakte Wörter oder auch Zahlen. Beispiele für die Zahlen 0 bis 9:

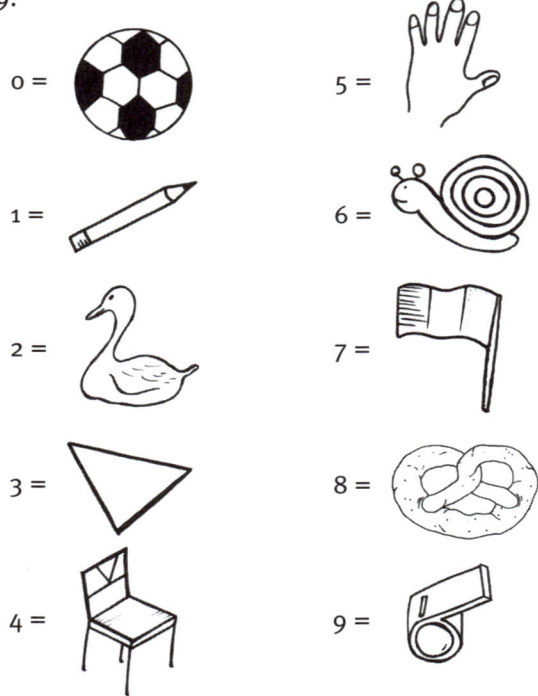

Wenn Sie versuchen, diese Bilder in eine zusammenhängende – und evtl. „merk"würdige – Geschichte zu verwandeln, dann fällt es Ihnen noch leichter, sich die Zahlenkombinationen zu merken. Die Verbindung Zahl-Reim bzw. Assonanz (Gleichklang) – je

eigenartiger, desto besser merkbar – kann eine weitere Hilfe-
stellung bei der Bildfindung für die Zahlen sein. Beispiele für
die Zahlen eins bis zehn: **ein**(s) = **B**ein, zwei / zw**o** = Str**oh**,
d**rei** = **B**rei, v**ier** = **B**ier, f**ünf** = Str**ümpf**e, s**echs** = **Hex**e,
s**ieben** = **R**üben, **acht** = **N**acht, n**eun** = Sche**une**, z**ehn** = **R**en.
Auch hier kann die Verbindung der einzelnen Bilder zu einer
Geschichte sehr nützlich sein.
Und wenn Sie sich Ihre eigenen Bilder ausdenken möchten,
lassen Sie Ihrer Kreativität und Fantasie freien Spielraum.

### 3G Tasten, Fühlen und Riechen

Auch wenn diese Technik schwer im Bereich des Sprachen-
lernens anwendbar ist, sind diese Sinneseindrücke für das
Gedächtnis sehr nützlich. Gegenstände, ohne sie zu sehen,
anhand ihrer Form oder ihres Geruches bzw. Duftes zu erkennen
und zu bestimmen, entwickelt auch die Fähigkeit, sich an deren
Bezeichnung in der Fremdsprache zu erinnern.

### 4. Kontextualisierung und Abstraktion

Kontextualisieren Sie Vokabeln, d. h. lernen Sie ganze Sätze
und nicht einzelne Wörter. Es ist sehr viel leichter sich ganze
Ausdrücke oder Sätze zu merken, als einzelne Wörter. Also
z. B. "I like bread." anstatt nur "bread". Verbinden Sie ein Verb
mit mehreren Substantiven – "to listen to music / the radio /
a programme" oder lernen Sie Redensarten und Sprichwörter.
Ergänzen Sie auch Ihre Karteikarten mit Sätzen und Wortver-
bindungen (vgl. Memo-Tipp 2. Lernkartei).
Wenn Sie mit Grammatikregeln konfrontiert sind, dann wiederholen Sie sie am effektivsten, indem Sie versuchen diese
selbstständig aus einem (Kon)text zu erschließen (abstrahie-
ren) und mit eigenen Worten wiederzugeben.

### 5. Kreativität und Fantasie

Schon mehrfach ist die Wichtigkeit der Fantasie und Kreativität für das Gedächtnis angesprochen worden. Wenn Sie beispielsweise eine Reihe von Vokabeln ohne Zusammenhang lernen müssen, versuchen Sie sich unter Verwendung der zu lernenden Wörter ein Bild, eine Geschichte oder sogar eine Art Comic auszudenken. Je absurder oder „merk"würdiger diese Verbindung der Wörter ist, desto einfacher werden Sie sie sich merken können.
Ein Beispiel: *plate – window – uncle – television – floor – fish*. Sie könnten an Ihren Onkel (*uncle*) denken, der auf dem Fußboden (*floor*) sitzt und von einem Teller (*plate*) isst, daneben ist ein Fisch (*fish*), der vom Fenster (*window*) aus fernsieht (*television*).

### 6. Wortspiele

Eine große Portion Fantasie ist auch für Wortspiele nötig. Sie können z. B. aus einem Wort andere Wörter bilden, indem Sie sie auseinandernehmen und entweder alle Buchstaben – *goat / toga* – oder nur einen Teil der Buchstaben – *goat /oat* – wiederverwenden. Sie können auch einfach nur einen Buchstaben ändern und neue Wörter bilden: *goat /boat* etc.
Auflistungen können Sie sich auch anhand der Bildung von Fantasieworten merken, indem Sie beispielsweise die Anfangssilben zu neuen Wörtern zusammenfügen.

### 7. Eselsbrücken

Eselsbrücken helfen beim Lernen von Fakten oder Daten durch leicht zu merkende Sprüche. Sie erinnern sich bestimmt noch an Eselsbrücken wie „Sieben, fünf, drei – Rom schlüpft aus dem Ei." oder „Drei, drei, drei – bei Issos Keilerei." aus dem Geschichtsunterricht. Neben den in diesen Beispielen verwendeten Reimen, ist auch die Technik der Verwendung von Anfangsbuchstaben einer Reihe von wichtigen Fakten in einem neuen Kontext sehr verbreitet, so z. B. bei der Reihenfolge der Planeten unseres Sonnensystems: „**M**ein **V**ater **e**rklärt **m**ir **j**eden **S**onntag **u**nsere **N**achbarplaneten." (**M**erkur, **V**enus, **E**rde, **M**ars, **J**upiter, **S**aturn, **U**ranus, **N**eptun)

Mit etwas Fantasie können Sie sich für Ihre Lerninhalte ähnliche Eselsbrücken bauen.

## 8. Aufmerksamkeit und Konzentration

Ein gutes Gedächtnis ist nur dann garantiert, wenn man – beispielsweise beim Lesen und Lernen oder auch beim Betrachten von Bildern, Grafiken und Plänen – den richtigen Grad an Aufmerksamkeit und Konzentration walten lässt.

Wörtlich meint Konzentration das Lenken des Bewusstseins auf einen Mittelpunkt, wie z. B. das jeweils zu lernende Thema, ein zu betrachtendes Bild oder einen zu lesenden Text. Aufgrund des uns umgebenden großen Reizangebots ist es aber nicht immer leicht, die nötige Aufmerksamkeit und Konzentration über längere Zeit beizubehalten. Wenn Sie merken, dass Sie beim Lernen vom Thema abschweifen, können Sie u. a. durch folgende Übungen Ihre Konzentration wieder schärfen:

– Nehmen Sie sich einen beliebigen Text und lesen Sie für ca. drei Minuten nur die Silben (mit jeweils zwei Sekunden Abstand von Silbe zu Silbe).

– Üben Sie ca. drei Minuten lang die Bauchatmung (beim Einatmen in den Bauch wölbt sich dieser sichtbar nach außen).

– Lesen Sie einen Text um 180° gedreht (also auf dem Kopf stehend).

## 9. Lesestrategien

Wenn Sie möglichst viele Informationen aus gelesenen Texten
behalten wollen, müssen Sie – noch bevor Sie mit der Gedächt-
nisarbeit beginnen – Ihre Lesetechnik verbessern. Ab Seite 115
werden Sie mit verschiedenen Lesestrategien und dazugehörigen Übungen vertraut gemacht.

## 10. Logik

Die sehr stark auf Kreativität und Fantasie ausgerichteten
vorangegangen Memo-Tipps haben sich auf die rechte Gehirnhälfte bezogen, dem Sitz unserer künstlerischen, erfinde-
rischen und emotionalen Fähigkeiten. Der breite Raum, der
diesen im Bereich der rechten Gehirnhälfte angesiedelten
Techniken gegeben wurde, ergibt sich aus der Tatsache, dass
sich das „normale", Ihnen bekannte Lernen, hauptsächlich im
Bereich der linken Gehirnhälfte abspielt, die für Logik, Analyse
und Organisation zuständig ist. Da wir nur dann das Potential
unseres Gehirns nutzen, wenn beide Gehirnhälften zusammen-
arbeiten, werden Ihnen auch Übungen zum logischen Denken
begegnen.

Auf der folgenden Seite beginnen die Übungen, in denen Sie
viele der zuvor genannten Memo-Tipps umsetzen können.
In der Randspalte führt Sie das Symbol ▶ Memo-Tipp zurück zu
den Erläuterungen des jeweils anwendbaren Memo-Tipps.

Bevor Sie die Arbeitsanweisung lesen und sich die englischen
Vokabeln einzuprägen versuchen, überfliegen diese kurz und
gehen Sie sicher, dass Sie die Bedeutungen kennen. Bei Ver-
ständnisschwierigkeiten hilft das alphabetische Wörterverzeichnis (Englisch – Deutsch) ab S. 144 weiter.

**1.** **Vielleicht sitzen Sie gerade an Ihrem Schreibtisch und sind von den folgenden Gegenständen umgeben. Prägen Sie sich die Gegenstände in der angegebenen Reihenfolge ein.**

► Memo-
Tipp
3A + 3E

| | |
|---|---|
| 1. table | 7. sharpener |
| 2. chair | 8. rubber |
| 3. book | 9. lamp |
| 4. dictionary | 10. ruler |
| 5. pen | 11. notepad |
| 6. pencil | 12. glasses |

**2.** **Lesen Sie die folgenden Zahlen laut auf Englisch vor und prägen Sie sie sich ein.**

► Memo-
Tipp 3F

| 3 | 0 | 17 |
|---|---|---|
| 5 | 11 | 6 |
| 16 | 1 | 8 |

**1. In welcher Reihenfolge wurden die Gegenstände aufgelistet?**

☐ rubber        ☐ lamp

☐ pencil        ☐ dictionary

☐ table        ☐ pen

☐ chair        ☐ sharpener

☐ glasses        ☐ ruler

☐ book        ☐ notepad

**2. Schreiben Sie in Worten auf Englisch diejenigen Zahlen bis 20, die nicht Bestandteil der Tabelle sind.**

_____

_____

_____

_____

**3.** **Lesen Sie die folgenden Sätze und verbinden Sie sie mit den entsprechenden Orten auf der Karte. Merken Sie sich dann die Sätze.**

▶ Memo-Tipp 3E

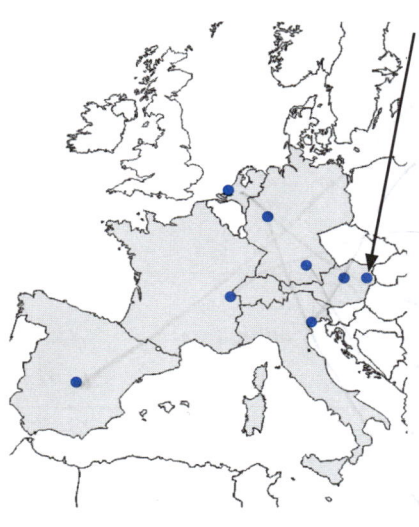

Claudia is from Vienna.

Felipe is from Madrid.

Clara is from Venice.

Bernadette is from Geneva.

Peter is from The Hague.

Eva is from Linz.

Hans is from Munich.

Klaus is from Cologne.

**4.** **Einfache Reime oder Liedstrophen helfen beim Lernen. Konzentrieren Sie sich auf die folgenden Verse, die jedes englischsprachige Kind in der Schule lernt, um sich die Anzahl der Tage in einem Monat zu merken.**

▶ Memo-Tipp 3C

> Thirty days hath September
> April, June and November
> All the rest have thirty-one
> Excepting February alone
> Which has but twenty-eight days clear
> And twenty-nine in each leap year

3. **Erinnern Sie sich, woher die Personen kommen? Schreiben Sie Sätze mit Nationalitätenadjektiven. Wenn es Personen mit derselben Nationalität gibt, orientieren Sie sich am angegebenen Beispiel.**

   1. *Claudia and Eva are* _____

   2. _____

   3. _____

   4. _____

   5. _____

   6. _____

4. **Schreiben Sie diejenigen Monate auf Englisch, die nicht in den Versen vorkommen.**

   _____        _____

   _____        _____

   _____        _____

   _____

**5. Prägen Sie sich die folgenden Wörter ein.**

▶ Memo-Tipp 3A + 3E

| | |
|---|---|
| factory worker | pasta |
| salesman | teacher |
| chicken | doctor |
| salmon | sausage |
| engineer | soup |

**6. Lesen Sie die folgenden Uhrzeiten laut auf Englisch vor und prägen Sie sie sich ein.**

▶ Memo-Tipp 3A + 3E

1.

4.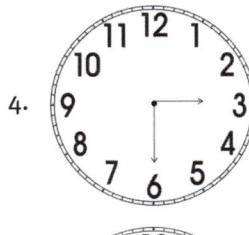

2.

5.

3.

6.

**5.** Die Wörter auf der vorangegangenen Seite haben Gemein-
samkeiten. Wie lauten die entsprechenden Oberbegriffe auf
Englisch? Ordnen Sie die Wörter diesen Oberbegriffen zu.

_____ :

_____

_____

_____ :

_____

_____

**6.** Machen Sie neben diejenigen Uhrzeiten ein Kreuzchen,
die auf der vorangegangenen Seite abgebildet sind.

☐ It's six forty.  ☐ It's midday / twelve o'clock.

☐ It's midnight.  ☐ It's one ten.

☐ It's a quarter to four.  ☐ It's six forty-five.

☐ It's three thirty-five.  ☐ It's twenty to seven.

**7. Prägen Sie sich den folgenden Satz ein.**

▶ Memo-Tipp 4

My name's Martin, I live in England, in Birmingham. I'm studying architecture but at the moment I'm working in the office of a friend of my father's.

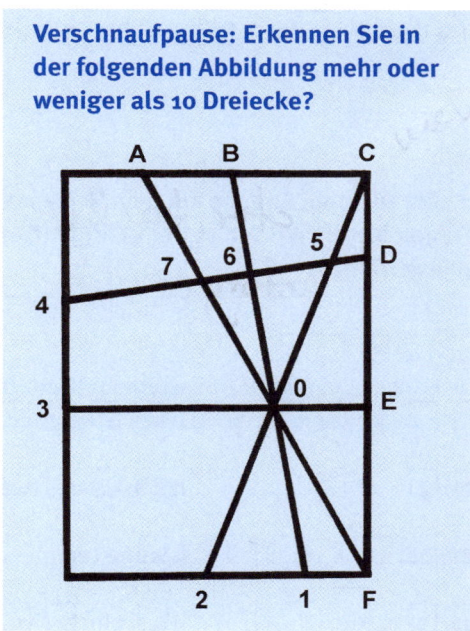

**Verschnaufpause: Erkennen Sie in der folgenden Abbildung mehr oder weniger als 10 Dreiecke?**

**8. Welche Angaben finden Sie auf dem Reisepass? Prägen Sie sich die folgenden Wörter ein.**

▶ Memo-Tipp 3A + 3E

| surname | first name | date of birth |
|---------|-----------|---------------|
| sex | place of birth | date of issue |
| | date of expiry | |

**7. Erinnern Sie sich an die Informationen?**
**Vervollständigen Sie den Satz.**

His name's _____ , he lives in _____ ,

in _____ . He's studying _____

but he's also working in the _____ of a friend of

his _____ .

**8. Wir haben eine wichtige Angabe auf dem Reisepass vergessen.**
**Welche? Tragen Sie die Wörter an der richtigen Stelle ein und**
**Sie werden es erfahren.**

☐ ☐ ☐ ☐ ☐ ☐ ☐

☐ ☐ ☐ ☐   ☐ ☐   ☐ ☐ ☐ ☐ ☐

☐ ☐ ☐ ☐   ☐ ☐   ☐ ☐ ☐ ☐

☐ ☐ ☐ ☐ ☐   ☐ ☐ ☐ ☐

☐ ☐ ☐ ☐ ☐   ☐ ☐   ☐ ☐ ☐ ☐

☐ ☐ ☐ ☐   ☐ ☐   ☐ ☐ ☐ ☐ ☐ ☐

Lösung: ☐ ☐ ☐ ☐ ☐ ☐ ☐ ☐ ☐ ☐ ☐

**9.** **Prägen Sie sich jede der Zahlen ein und blättern Sie dann um.** ▶ Memo-Tipp 3F

two thousand five hundred and sixty-two

fifteen thousand, eight hundred and twenty-seven

one hundred and twenty-eight thousand, four hundred and twenty-six

three hundred and twenty-seven thousand, eight hundred and fourteen

one million, nine hundred and five thousand, three hundred and sixty-six

twenty million and eight

**10.** **Merken Sie sich die folgenden Wörter aus dem Bereich Nahrungsmittel.** ▶ Memo-Tipp 3A + 3E

| | |
|---|---|
| hamburger | milk |
| bread | ham |
| yoghurt | egg |
| tomato | butter |
| strawberry | carrot |
| fruit | pasta |

**9. Schreiben Sie die Zahlen in Ziffern.**

_____

_____

_____

_____

_____

_____

**10. Welche der Wörter sind zählbar? Welche Wörter sind unzählbar?**

1. countable:

_____

_____

2. uncountable:

_____

_____

**11.** **Ordnen Sie die folgenden Wörter den Zeichnungen zu und prägen Sie sie sich ein.**

▶ Memo-
Tipp
3E + 3G

plate of pasta        cake        cup of coffee        sweaty feet

rotten fish        dustbin        flower        skunk

_____

_____

**12.** **Merken Sie sich die folgenden Sätze.**

▶ Memo-
Tipp 4

On Monday it's market day.
On Tuesday there's a party.
On Wednesday I've got an exam.
On Thursday I've got lessons.
On Friday there's a football match.
On Saturday there's a good film on TV.
On Sunday there's a concert.

**11.** **Ordnen Sie die Wörter den folgenden Oberbegriffen zu.**

☺ nice smells: _____

_____

☹ bad smells: _____

_____

**12.** **Antworten Sie mit „yes" oder „no".**

|  |  | Yes | No |
|---|---|---|---|
| 1. | Is Monday market day? | ☐ | ☐ |
| 2. | Have you got an exam on Tuesday? | ☐ | ☐ |
| 3. | Have you got lessons on Wednesday? | ☐ | ☐ |
| 4. | Is there a football match on Thursday? | ☐ | ☐ |
| 5. | Is there a party on Friday? | ☐ | ☐ |
| 6. | Is there a good film on TV on Saturday? | ☐ | ☐ |
| 7. | Is there a concert on Sunday? | ☐ | ☐ |

**13.** Sie haben den Tisch gedeckt. Betrachten Sie die Gegenstände aufmerksam und sprechen Sie laut deren englische Bezeichnungen. Die Wortliste hilft Ihnen dabei. Prägen Sie sich dann die Zeichnung ein.

▶ Memo-Tipp 3E + 8

| a glass | a fork | a dessert spoon | salt | |
| vinegar | a plate | a spoon | pepper | oil |

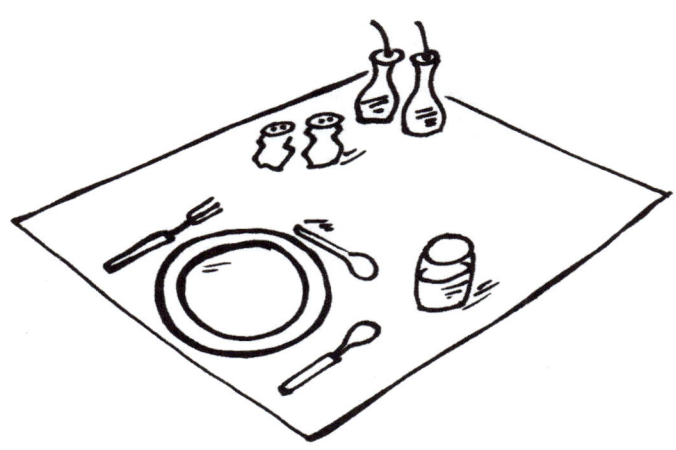

**14.** Wie steht es um Ihre Logik? Lesen Sie die folgenden Zahlenreihen laut auf Englisch vor und setzen Sie sie logisch fort. Merken Sie sich das jeweilige Kriterium, das hinter den Zahlenreihen steckt.

▶ Memo-Tipp 10

1. Zahlenreihe:  3 – 6 – 9 – 12 – _____

2. Zahlenreihe:  21 – 19 – 17 – 15 – _____

3. Zahlenreihe:  2 – 4 – 8 – 16 – _____

4. Zahlenreihe:  5 – 11 – 23 – 47 – _____

13. **Was haben Sie beim Tischdecken vergessen? Nun ist die Zeichnung vollständig. Welche Gegenstände wurden hinzugefügt?**

_____

14. **Hier sehen Sie nun die Zahlen, die Sie auf der vorangegangenen Seite geschrieben haben (sollten). Können Sie jetzt jeder Zahlenreihe aus dem Gedächtnis noch eine weitere Zahl hinzufügen?**

    1. Zahlenreihe:   15 – _____

    2. Zahlenreihe:   13 – _____

    3. Zahlenreihe:   32 – _____

    4. Zahlenreihe:   95 – _____

**15. Schreiben Sie unter jede Zeichnung wie im Beispiel den entsprechenden englischen Ausdruck. Prägen Sie sich dann die Zeichnungen ein.**

▶ Memo-
Tipp
3A + 3E

apple        chestnut        artichoke        onion
garlic        courgette        grapes        ~~tomato~~

_tomato_

---

**16. Sie kennen ganz bestimmt die Melodie von „Happy Birthday". Mit dieser Melodie können Sie den folgenden kurzen Liedtext singen und sich einprägen.**

▶ Memo-
Tipp
3B + 3C

_Can I book a room?_
_Can I book a room?_
_For three days and two nights,_
_In the middle of June?_

_Sorry, there's nothing free._
_Sorry, there's nothing free._
_But please call back,_
_At a quarter to three._

**15. Ihre Einkaufstasche hatte ein Loch. Was haben Sie verloren?**

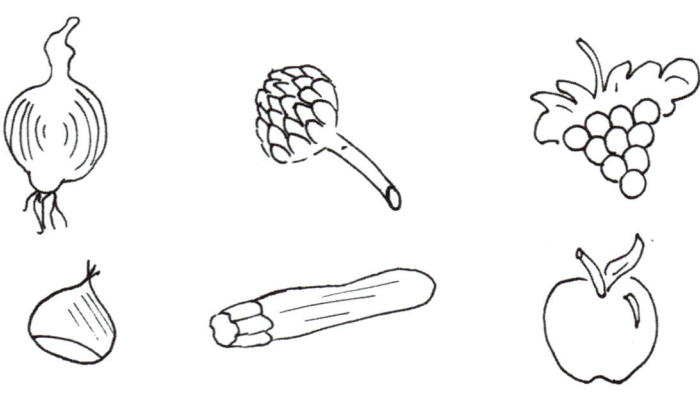

---

**16. Haben Sie den Liedtext auswendig gelernt?**
**Dann beantworten Sie die folgenden Fragen mit „true"**
**oder „false".**

| The person ... | true | false |
|---|---|---|
| 1.  ... is looking for a room. | ☐ | ☐ |
| 2.  ... needs the room for three nights. | ☐ | ☐ |
| 3.  ... needs the room in July. | ☐ | ☐ |
| 4.  ... should call back at four o'clock. | ☐ | ☐ |

**17. Prägen Sie sich die folgenden Wörter bzw. Wortgruppen ein.**

▶ Memo-Tipp 3A + 4

| | |
|---|---|
| watch | television |
| go | for a walk / to the mountains / swimming / skiing / dancing |
| play | tennis / cards / football / computer games |
| ride | a bike |
| do | sports |
| stay | at home |
| listen to | music |

**Verschnaufpause: Bevor Sie die Aufgabe lesen, gehen Sie sicher, dass Sie die folgenden Ausdrücke kennen:** *does it take, longer, double, half.* **Beantworten Sie die Frage dann schnell und spontan.**

Does it take longer to learn 20 words than double the half of 20 words?

**18. Prägen Sie sich die folgenden Ausdrücke ein.**

▶ Memo-Tipp 6 + 8

specially  –  quite  –  very much  –  not at all

**17.** Unterteilen Sie die Wörter und Wortgruppen nach folgenden Kriterien:

Active person:

_____

_____

_____

Passive person:

_____

_____

_____

**18.** Unterstreichen Sie die Wörter bzw. Ausdrücke, die sich aus den einzelnen Buchstaben der vorangegangenen Adverbien bilden lassen.

| activity | rarely | sport |
| enjoy | reading | hate |
| cinema | theatre | hardly ever |
| regularly | leisure | occasionally |

**19.** Prägen Sie sich die folgenden Wörter ein.

▶ Memo-
Tipp 3C

| | | | |
|---|---|---|---|
| city | thought | meat | tear |
| remember | feet | beer | wet |
| bought | sweat | November | inviting |
| | exciting | pretty | |

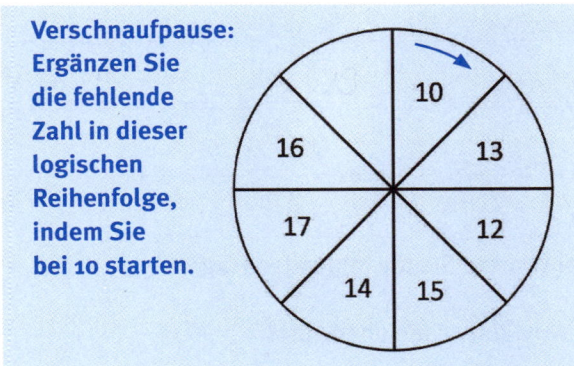

**Verschnaufpause: Ergänzen Sie die fehlende Zahl in dieser logischen Reihenfolge, indem Sie bei 10 starten.**

10  13  12  15  14  17  16

**20.** Sie erwarten Gäste zum Abendessen und müssen einkaufen gehen. Prägen Sie sich die Einkaufsliste aufmerksam ein.

▶ Memo-
Tipp
3A + 3E

20 bread rolls
4 bottles of mineral water
2 chickens
10 veal steaks
paper napkins

3 bottles of wine
1 crate of beer (12 bottles)
10 pork fillets
paper cups

**19. Schreiben Sie die Wörter, die sich reimen, jeweils nebeneinander.**

_____      _____

_____      _____

_____      _____

_____      _____

_____      _____

_____      _____

_____      _____

**20. Beantworten Sie die folgenden Fragen.**

1. What drinks are on the list?

_____

2. What kind of meat do you have to buy?

_____

3. How many bottles?

_____

4. Which words don't have a number in front of them?

_____

**21.** **Lesen Sie mehrere Male so schnell wie möglich das englische Alphabet von *a* bis *z* nur mit den Augen.**
**Dann lesen Sie es langsamer und laut auf Englisch.**

▶ Memo-Tipp 8

**22.** **Prägen Sie sich die folgenden Sätze in der vorgegebenen Reihenfolge ein.**

▶ Memo-Tipp 3D

1. I take three steps to the right.

2. I take three steps to the left.

3. I take four steps forward.

4. I take four steps back.

5. I stand on a chair.

6. I go towards the window.

7. I stand next to the table.

8. I get under the table.

9. I stand between the sofa and the television.

**21.** Schreiben Sie das englische Alphabet. Welche der Buchstaben wurden auf der vorangegangenen Seite groß geschrieben und welche klein?

_____

_____

_____

**Verschnaufpause:** Sehen Sie sich aufmerksam die folgenden Buchstaben an. Sie folgen nach einem logischen (aber nicht mathematischen) Kriterium aufeinander. Welcher Buchstabe muss an zehnter Stelle stehen? Wenn Sie nach ein paar Minuten nicht auf die Lösung kommen, sehen Sie sich nach und nach die Tipps an.

T – N – E – S – S – F – F – T – T – ?

Tipp 1:    Die Buchstaben stellen Initialen englischer Wörter dar. Sie kommen immer noch nicht weiter? Dann lesen Sie den nächsten Tipp.

Tipp 2:    Denken Sie an Zahlen.

**22.** Stehen Sie nun auf und folgen Sie aktiv den Anweisungen. Wiederholen Sie dabei laut die Sätze. Sie kommen sich dabei etwas dumm vor? Dann liegt Ihnen der Memo-Tipp 3D vielleicht nicht. Probieren Sie es trotzdem aus.

**23.** Prägen Sie sich die folgenden Zahlen-Bilder bzw. Formen-Kombinationen ein. Versuchen Sie dann, sich die angegebenen Telefonnummern zu merken, indem Sie sich anstatt der Zahlen die entsprechenden Bilder einprägen. Wenn sie möchten, können Sie auch kurze Geschichten erfinden, die sich um die den Zahlen zugeordneten Bilder drehen.

▶ Memo-Tipp 3F

0 = ⚽

5 = 🖐

1 = ✏

6 = 🐌

2 = 🦢

7 = 🚩

3 = ▽

8 = 🥨

4 = 🪑

9 = 🎵

Linda:  47 85 96 73          Charlie:  74 65 20 13

Sally:   85 14 62 45          Mark:      83 54 92 75

**24.** Ist Ihnen die in Übung 23 angewendete Technik schwergefallen? Dann probieren Sie das folgende System aus: Prägen Sie sich diesen sinnlosen Ausdruck und die zu jedem Buchstaben gehörige Zahl ein.

| V | I | D | E | O | C | L | U | B | S |
|---|---|---|---|---|---|---|---|---|---|
| 1 | 2 | 3 | 4 | 5 | 6 | 7 | 8 | 9 | 0 |

**23. Erinnern Sie sich an die Telefonnummern? Schreiben Sie sie auf.**

Linda's telephone number: _____

Mark's telephone number: _____

Charlie's telephone number: _____

Sally's telephone number: _____

**24. Folgen Sie dem Beispiel und verwandeln Sie die folgenden PINs im Sinne des auf der vorangegangenen Seite eingeprägten Systems.**

0874: _____  12690: _____

10701: _____  58233: _____

98761: _____  40691: _____

Versuchen Sie, sich wichtige PINs anhand eines ähnlichen Systems zu merken. Wichtig: Nur Sie dürfen das Wort bzw. den Ausdruck, der sich dahinter verbirgt, wissen.

**25. Merken Sie sich die folgenden Sätze.** ▶ Memo-
Tipp 4

1. I'm arriving tomorrow.

2. I'm going to the gym.

3. Peter's sleeping.

4. I'm a doctor.

5. I'm not coming because I feel ill.

> **Verschnaufpause:** Bevor Sie die Aufgaben-
> stellung lesen, gehen Sie sicher, dass Sie den
> Ausdruck *what's the sum?* verstehen.
>
> If A = 1, B = 2, C = 3 etc. what's the sum of F + N?
>
> F + N = _____

**26. Prägen Sie sich die folgenden Ausdrücke ein.** ▶ Memo-
Tipp
3E + 4

eat ice-cream              sunbathe

wear a coat                harvest grapes

eat chestnuts              see swallows

go skiing                  plant flowers

**25.** **Vervollständigen Sie die folgenden Fragen, die sich auf die Sätze der vorangegangenen Seite beziehen.**

1. Who _____ ?

2. Where _____ ?

3. When _____ ?

4. Why _____ ?

5. What _____ ?

**26.** **Fügen Sie die Ausdrücke neben die dazugehörigen Jahreszeiten ein.**

1. In spring you _____

   and _____ .

2. In summer you _____

   and _____ .

3. In autumn you _____

   and _____ .

4. In winter you _____

   and _____ .

**27. Prägen Sie sich die Namen der folgenden Haltestellen der London Underground in der angegebenen Reihenfolge ein.**

▶ Memo-Tipp 3A

1. Baker Street

4. Preston Road

2. Greenwich

5. Tower Hill

3. Shepherd's Bush

6. Kew Gardens

---

**Verschnaufpause: Wie viele Farben bzw. Farbstifte benötigt man, wenn man eine Ampel, die Fahnen Großbritanniens, Österreichs und der Schweiz sowie einen englischen Briefkasten zeichnen möchte?**

---

**28. Wie aufmerksam können Sie beobachten? Betrachten Sie die folgenden Ausdrücke, vor allem die Verben.**

▶ Memo-Tipp 4 + 8

He drove a car.

He spoke English.

He ate a cake.

He sang a song.

He got a present.

He took a train.

He bought a book.

He broke a plate.

27. **Hier sehen Sie nun die Farben der Londoner Underground Linien. Die Farben sind so gewählt, dass sie wichtige Buchstaben der entsprechenden Haltestellen enthalten oder farblich und bildlich an diese erinnern. Ergänzen Sie mit den Haltestellen.**

    1. red                    =  *Shepherd's Bush* _____

    2. green and white  =  _____

    3. yellow               =  _____

    4. brown               =  _____

    5. green                =  _____

    6. purple               =  _____

28. **Schreiben Sie die Verben in ihrer Grundform. Was haben sie aus grammatikalischer Sicht gemeinsam?**

    _____

    _____

    _____

    _____

29. **Kennen Sie die Melodie von „Mein Onkel hat 'nen Bauernhof ia-ia-o" (auf Englisch „Old MacDonald had a farm ee i ee i o")? Singen Sie den folgenden Text mit dieser Melodie und prägen Sie ihn sich dabei ein.**

▶ Memo-Tipp 3B

I work in a library, ee i ee i o

I like it so I work for free, ee i ee i o

Come and have a look, there are lots of books,

On the floor, by the door, but we close at four, four.

I work in a library, ee i ee i o

And all my friends come in to read, ee i ee i o

There are lots of chairs, even on the stairs,

Poetry, history, or a crime story, ry.

I work in a library, ee i ee i o

On Fridays we have cake and tea, ee i ee i o

When it's time to go, my friends say "Oh, no!"

And I say, go away, come another day, day,

I work in a library, ee i ee i o.

30. **Prägen Sie sich die folgenden Silben ein.**

▶ Memo-Tipp 6

| LE | LI | PHY | LO | GE |

**29. Beantworten Sie die Fragen.**

1. Where can you find books?

   _____

2. What time does it close?

   _____

3. Where can you find chairs?

   _____

4. What do you call writing that rhymes?

   _____

5. What does he serve on Fridays? _____

**30. In den folgenden Wörtern sind die Silben durcheinander geraten. Außerdem fehlt jedem Wortpaar eine Silbe von der vorigen Seite. Stellen Sie die Wörter wieder her.**

| | |
|---|---|
| CAL – GI | SSAL – CO |
| COP – HE – TER | RAL – BE |
| GIC – THAR | PHONE – TE |
| RAL – NE | RY – SUR |
| SI – CAL | GRA – GEO |

**31.** **Prägen Sie sich die folgenden Nummernschilder ein.** ▶ Memo-
Tipp 3F

**32.** **Prägen Sie sich die folgende Beschreibung ein.** ▶ Memo-
Tipp
3D + 3E

The post office is next to the bank.

Behind the bank there's a café.

Opposite the café there's a petrol station.

Next to the petrol station there's a car park.

Between the car park and the supermarket there's a bus stop.

**31. Vervollständigen Sie die Nummernschilder.**

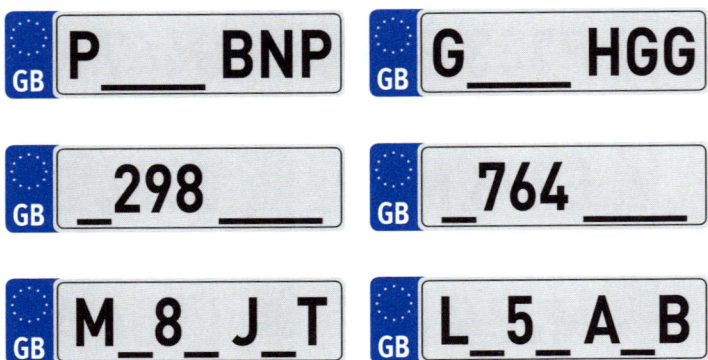

**32. Zeichnen Sie nun die beschriebenen Gebäude. Halten Sie sich dabei auch an die beschriebene Positionierung der Gebäude.**

**33.** **Die folgenden Substantive bzw. Adjektive sind für Personen-beschreibungen notwendig. Prägen Sie sie sich ein.**

▶ Memo-Tipp
3A + 3E

| face | glasses | hair | height |
| --- | --- | --- | --- |
| moustache | beard | complexion | eyes |
| bald | tall | short | fat |

**34.** **Betrachten Sie aufmerksam die Zeichnung. Beschreiben Sie dann Vater und Sohn laut auf Englisch.**

▶ Memo-Tipp
3E + 8

**33. Unterstreichen Sie die neu hinzugekommenen Wörter.**

| | | | |
|---|---|---|---|
| thin | glasses | pale | mouth |
| hair | beard | moustache | slim |
| height | complexion | face | stocky |
| bald | tall | short | eyes |
| fat | old | | |

**34. Welche Eigenarten haben Vater und Sohn gemeinsam? In was unterscheiden sie sich?**

Both _____

_____

_____ .

The father _____

_____ .

The son _____

_____ .

**35. Prägen Sie sich die genannten Wörter ein. Lassen Sie aber auch die nicht erwähnten Körperteile nicht außer Acht.**

▶ Memo-Tipp 3E + 8

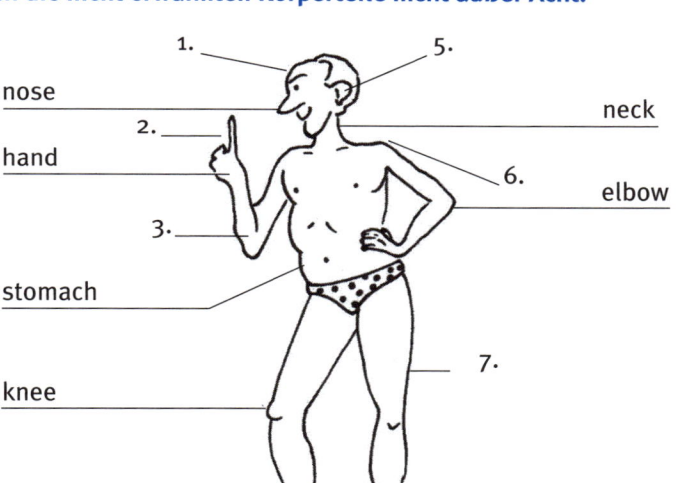

nose

neck

hand

elbow

stomach

knee

**36. Die folgenden Adjektive beschreiben Körperteile. Welche?**

▶ Memo-Tipp 3A

| | |
|---|---|
| _____ | Roman, lumpy, snub |
| _____ | oval, round, chubby |
| _____ | curly, thick, greying |
| _____ | slim, bow, hairy |
| _____ | big, green, blue |
| _____ | thin, full, rosebud |

**35.** Welchen Zahlen an der Zeichnung entsprechen
die folgenden Wörter?

| | | | |
|---|---|---|---|
| shoulder: | Nr. _____ | foot: | Nr. _____ |
| arm: | Nr. _____ | ear: | Nr. _____ |
| finger: | Nr. _____ | head: | Nr. _____ |
| leg: | Nr. _____ | | |

Tragen Sie die fehlenden Wörter in die Zeichnung
auf der vorangegangenen Seite ein.

**36.** Welche Adjektive sind verschwunden?

| | |
|---|---|
| eyes | green, big, _____ |
| legs: | bow, hairy, _____ |
| face | round, chubby, _____ |
| lips | thin, full, _____ |
| hair | thick, curly, _____ |
| nose | Roman, snub, _____ |

**37.** Im Folgenden lernen Sie einige englische Redensarten kennen. Ersetzen Sie die Lücken jeweils mit der Bezeichnung eines Körperteils. Prägen Sie sich die Sätze dann ein.

▶ Memo-Tipp 4

1. To be in good _____ .

2. To take something to _____ .

3. To pull the wool over someone's _____ .

4. To pay through the _____ for something.

5. To put your _____ in it.

**38.** Prägen Sie sich die folgenden Kombinationen aus Zahlen und Ereignissen bzw. Berühmtheiten ein.

▶ Memo-Tipp 3E + 3F

| | | | |
|---|---|---|---|
| 007 | James Bond | 25 | Christmas Day |
| 1 | New Year's Day | 3 | French hens |
| 6 | the 6 wives of Henry VIII | 28 | days in February |
| 10 | Downing Street | 66 | football World Cup win |
| 12 | days of Christmas | 50 | the Queen's golden jubilee |

**37. Schreiben Sie die Redensarten unter die entsprechenden Erläuterungen.**

1. To pay an inflated price for something.

   _____

2. To say something embarrassing or tactless.

   _____

3. To deceive or cheat someone.

   _____

4. To be in competent or safe care.

   _____

5. To take something seriously.

   _____

**38. Wem bzw. was entsprechen die folgenden „Daten"?**

| | | | |
|---|---|---|---|
| 1266 = _____ | | 6625 = _____ | |
| 2516 = _____ | | 50007 = _____ | |
| 1007 = _____ | | 1236 = _____ | |
| 2866 = _____ | | 5010 = _____ | |

**39. Prägen Sie sich die folgenden Verben ein.**

▶ Memo-
Tipp 7

1. idolise     2. need     3. speak     4. take

5. read     6. use     7. make     8. eat

9. negotiate     10. travel     11. ask     12. like

**40. Hier nun die Beschreibung eines Tagesablaufs. Lesen Sie
die Sätze und prägen Sie sich die Handlungen (ohne Details)
und deren Reihenfolge ein.**

▶ Memo-
Tipp 4

I got up.

I had a coffee.

I had a shower.

I had breakfast.

I studied a little English.

I left the house.

I came home at about 4pm.

I had dinner.

I went to bed.

**39.** **Ohne zunächst weiterzulesen, versuchen Sie, die Verben zu wiederholen. Wie viele konnten Sie sich merken?**

_____

_____

_____

**Versuchen Sie nun, die Verben mit Hilfe der folgenden Eselsbrücke zu wiederholen. Die Anfangsbuchstaben der Verben bilden das folgende Wort.**

INSTRUMENTAL

**40.** **Rekonstruieren Sie die Handlungen des Tagesablaufs, allerdings in umgekehrter Reihenfolge. Folgen Sie dabei dem Beispiel.**

_I went to bed._____

_____

_____

_____

_____

_____

**41. Prägen Sie sich die folgenden Sätze mit der entsprechenden Nummerierung ein.**

▶ Memo-Tipp 4

1. I've never met Janet's husband. He's always out when I visit.

2. I never met my grandfather. He died before I was born.

3. He's read that book several times.

4. He read that book when he was at school.

5. Your visitors have arrived. They're waiting outside.

6. Your visitors arrived a few minutes ago.

7. The company has been sold.

8. The company was sold to the French last year.

> **Verschnaufpause: Bevor Sie die Aufgaben lösen, gehen Sie sicher, dass Sie alle Ausdrücke verstehen.**
>
> This year I've won the lottery three times and each time was in a month with 8 letters. Is that possible?

**42. Prägen Sie sich die folgenden Wörter ein. Beachten Sie besonders deren Endungen; vielleicht entdecken Sie dabei einen Trick, mit dem Sie sich die Wörter leichter merken können.**

▶ Memo-Tipp 7

mankind – custom – mental – travel – tomboy – shipment – talisman – friendship – crocus – kindness – velcro – boyfriend

**41.** **Ergänzen Sie nun mit Hilfe der Beispielsätze der vorangegangenen Seite die Regeln zum *present perfect* und *simple past*. Schreiben Sie neben jede Regel die Zahl des entsprechenden Beispielsatzes.**

The present perfect is formed with have / has and the past

perfect of a verb. The present perfect links the present and the

past and is used:

- to talk about news without a specific time (sentences _____

  + _____ ).

- to talk about the time until now (sentences _____ + _____ ).

The simple past refers to a finished time (sentences _____

+ _____ + _____ ) or a closed possibility (sentence _____ ).

**42.** **Haben Sie den Domino-Trick entdeckt? Die letzten Buchstaben eines Wortes sind mit den ersten Buchstaben eines anderen Wortes identisch. Wiederholen Sie die Wörter auf diese Weise, indem Sie mit „travel" beginnen.**

_____

_____

_____

**43.** Prägen Sie sich die folgenden Zahlen ein.

▶ Memo-
Tipp 3F

| 2212 | 3009 | 2410 | 1208 |
| 1411 | 2807 | 2001 | 2102 |

> **Verschnaufpause: Welches ist die größte vierstellige Zahl, die aus jeweils verschiedenen Ziffern gebildet werden kann?**
>
> _____

**44.** Prägen Sie sich die folgenden Verben ein, blättern Sie dann auf die nächste Seite.

▶ Memo-
Tipp 3G

| watch | sniff | caress | stroke |
| feel | observe | listen | see |
| | touch | taste | |

Prägen Sie sich auch die folgenden Adjektive ein und blättern Sie dann noch einmal um.

▶ Memo-
Tipp 3G

| deafening | bitter | rough | transparent |
| warm | soft | smooth | light |
| sweet | green | flavourless | fetid |

**43.** **Die Zahlen der vorangegangenen Seite stellen Geburtstage dar. Ergänzen Sie den folgenden Text mit diesen Geburtstagen (Tag und Monat) in chronologischer Reihenfolge.**

It's David's birthday on _____ , Janet's on

_____ , Linda's on _____ ,

Simon's on _____ , Katie's on _____ ,

Lucy's on _____ , Sandra's on _____ ,

Philip's on _____ .

**44.** **Ordnen Sie die Verben den fünf Sinnen zu. Blättern Sie dann für Teil 2 der Übung noch einmal zurück.**

Sight: _____

Hearing: _____

Taste: _____

Touch: _____

Smell: _____

**Ergänzen Sie die Auflistung mit den Adjektiven.**

Welche Adjektive kommen zweimal vor? _____

**45.** Konzentrieren Sie sich auf jede einzelne Zeile, prägen Sie
sich die Wörter bzw. Zeichnungen ein, indem Sie sie laut
wiederholen. Blättern Sie dann um und lesen Sie die weiteren
Anweisungen für jede der Zeilen.

▶ Memo-
Tipp 3E

1.

2. ice – hat – belt – boots – coat

3.

4. sweater – living room – blouse – balcony – terrace

5. sun – bathrobe – bikini – socks – raincoat

**46.** Prägen Sie sich folgende Verben in Dreiergruppen mitsamt
der Nummerierung ein.

▶ Memo-
Tipp
3A + 4

1. close, slam, half-close

2. wash, dry, chip

3. cork, uncork, drain

4. fill, open, empty

5. leaf through, read, scuff

**45.** **Lesen Sie nun Frage für Frage und decken Sie die noch nicht bearbeiten Fragen ab. Die Nummerierung der Fragen entspricht den Zeilen der Vorgängerseite.**

1. How many items of clothing are there? _____

2. Which word is in the middle? _____

3. Which picture is missing? _____

4. Which words have been switched?

   terrace – living room – blouse – balcony –sweater

5. Are these words in the right order?

   sun – bathrobe – bikini – socks – raincoat

**46.** **Welcher Begriff passt zu welcher Gruppe von Verben? Ergänzen Sie mit der entsprechenden Nummer.**

bottle _____     drawer _____     glass _____

door _____     book _____

**47.** Betrachten Sie aufmerksam die folgende Zeichnung.

▶ Memo-Tipp 3E + 8

**48.** Konzentrieren Sie sich auf die folgenden Wörter und deren Position.

▶ Memo-Tipp 3A + 8

**47. Antworten Sie mit „true" oder „false".**

| | | true | false |
|---|---|:---:|:---:|
| ♂ He … | | | |
| 1 | is wearing trousers with horizontal stripes. | ☐ | ☐ |
| 2. | is wearing a spotted tie. | ☐ | ☐ |
| 3. | is wearing a sweater. | ☐ | ☐ |
| 4. | is wearing a jacket. | ☐ | ☐ |
| ♀ She … | | | |
| 5. | is wearing boots. | ☐ | ☐ |
| 6. | is wearing a tight dress. | ☐ | ☐ |
| 7. | is wearing a necklace. | ☐ | ☐ |
| 8. | is carrying a handbag. | ☐ | ☐ |

**48. Welche Wörter wurden verschoben oder gelöscht?**

clogs
dressing gown
pants
mules
vest
trackshit
b
apron
PYJAMAS
r
a
slippers

**Wo trägt man die meisten dieser Kleidungsstücke?**

_____

**49. Lesen Sie die folgenden Sätze und konzentrieren Sie sich vor allem auf die Namen und die dazugehörigen Gegenstände.**

▶ Memo-Tipp 3E + 4

What do they pack?

David packs his trainers, Nordic Walking sticks and tracksuit bottoms.

Jamie packs his ski-boots, skis and sledge.

Adrian packs his oxygen tank, wet suit, goggles and flippers.

Patsy packs her bathrobe, bikini and sun cream.

Jack packs his glasses, reading glasses, hearing aid and false teeth.

**50. Lesen Sie die folgende Buchstabenreihe laut vor. Darin finden sich einige „richtige" Wörter, aber auch ein paar Buchstaben, die dort nichts zu suchen haben. Prägen Sie sich die „richtigen" Wörter ein.**

▶ Memo-Tipp 3A + 6

s h o w e r u d b a t h b s t u d y n t o i l e t w i n

d o w m a t t r e s s c p t o w e l o m d o o r e t f

r s i b a l c o n y i d l i v i n g r o o m h e g s t o r

e y b t u h f a c a d e p o r f l o o r t a w b i d e t

## 49. Erinnern Sie sich an die Namen?

What are their names?

1. The winter-sports fan? _____

2. The beach lover? _____

3. The sportsman? _____

4. The diver? _____

5. The pensioner? _____

---

**Verschnaufpause: Versuchen Sie den folgenden englischen Zungenbrecher laut und ohne zu „stolpern" zu lesen.**
Peter Piper picked a peck of pickled peppers. If Peter Piper picked a peck of pickled peppers, how many pickled peppers did Peter Piper pick?

---

## 50. An welche Wörter erinnern Sie sich? Und unter welchem Oberbegriff lassen sich diese einordnen?

_____

_____

_____

_____

**51.** **Prägen Sie sich die folgenden Wörter in der angegebenen Reihenfolge ein.**

▶ Memo-Tipp
3A + 3E

1. skyscraper → 2. stairs → 3. study →

4. flat → 5. cellar → 6. wall →

7. attic → 8. living room → 9. house →

10. lift → 11. hall

---

**Verschnaufpause: Lösen Sie die folgende „Gleichung" nach X auf.**

oven : cook = mattress : X → X = _____

---

**52.** **Es folgt die Beschreibung einer Wohnung. Bilden Sie die Wohnung mental ab.**

▶ Memo-Tipp
3A + 3E

Bedroom:       double bed, 2 duvets, cupboard

Kitchen:       fridge, oven, 2 windows, dishwasher

Living room:   television, table, 4 chairs, lamp, sofa

Bathroom:      washbasin, bath, washing machine, toilet paper

Hall:          cupboard

Storage room:  vacuum cleaner, broom

**51. Versuchen Sie nun, die Reihenfolge der Wörter in dem folgenden Schema nachzuverfolgen. Beginnen Sie oben links und enden Sie unten rechts. Schreiben Sie hinter jedes Wort die entsprechende Nummer. Das jeweils folgende Wort kann im Umkreis aller benachbarten Felder stehen. Aber Vorsicht: Jedes Kästchen kann nur einmal verwendet werden.**

| skyscraper | stairs | flat | living room | house | hall |
|---|---|---|---|---|---|
| stairs | attic | study | attic | attic | house |
| study | cellar | flat | living room | wall | living room |
| wall | living room | attic | cellar | lift | house |
| cellar | stairs | wall | wall | lift | living room |
| hall | study | hall | house | cellar | hall |

**52. Beantworten Sie die folgenden Fragen.**

1. How many cupboards are there in the flat? _____

2. How many electrical appliances? _____

3. Is there a bath or a shower in the bathroom? _____

4. Is there a hall in the flat? _____

5. Are there 3 windows in the kitchen? _____

**53.** **Die folgende Aufgabe testet Ihre Beobachtungsgabe. Lesen Sie aufmerksam die Sätze und versuchen Sie, die Verbindung zwischen den Personen und den jeweiligen Verkehrsmitteln zu verstehen.**

▶ Memo-Tipp 8

Carol only travels by car or by coach.

Fiona always travels by ferry or on foot.

Andrew only travels by airplane.

Bobby prefers his bicycle.

Sandra always travels by scooter or skateboard.

**Verschnaufpause: Versuchen Sie die folgende Frage innerhalb von 20 Sekunden zu lösen.**

How many wheels are there on 10 bicycles, five motorbikes with sidecars and three cars?

_____

**54.** **Merken Sie sich die Sätze. Vielleicht hilft es Ihnen die typischen Bewegungen nachzumachen.**

▶ Memo-Tipp 3D

I'm so hungry!        I'm so thirsty!        I'm so tired!

It's so cold!        It's so hot!        It's so boring!

It's so windy!        It's so late!        It's so rainy!

It's so disgusting!

53. **Haben Sie die Verbindung entdeckt? Dann geben Sie an, welche Verkehrsmittel die folgenden Personen nutzen könnten.**

Brendan    _____

Tina    _____

Sam    _____

**Erfinden Sie noch weitere Kombinationen aus Vornamen und Verkehrsmittel.**

_____

_____

54. **Schreiben Sie die Sätze neben den jeweils passenden Gegenstand.**

heater → _____     umbrella → _____

mattress → _____    yawn → _____

glass → _____       clock → _____

sun → _____         scarf → _____

sandwich → _____    hair in
                            the soup → _____

**55. Prägen Sie sich die folgenden Adjektive und ganz besonders auch deren Position ein.**

▶ Memo-Tipp 3A + 8

| high | thin | weak |
| polite | aggressive | near |
| narrow | distracted | ugly |
| short | stupid | small |

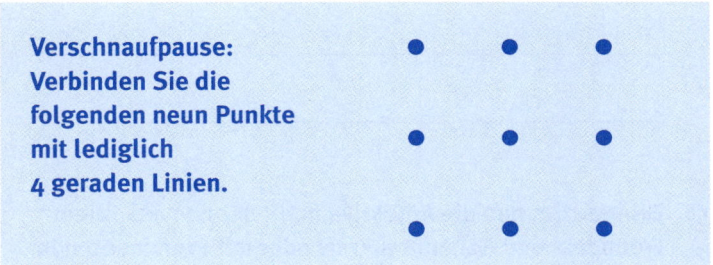

**Verschnaufpause:**
**Verbinden Sie die**
**folgenden neun Punkte**
**mit lediglich**
**4 geraden Linien.**

**56. Merken Sie sich die folgenden Adjektive, die für Charakter-beschreibungen von Personen nützlich sind. Um sich die Adjektive besser einzuprägen, können Sie bei jedem Wort an Personen aus Ihrem Freundes- und Bekanntenkreis denken.**

▶ Memo-Tipp 3A + 3E

| affectionate | talkative | demanding | extroverted |
| jealous | generous | impulsive | enterprising |
| vain | passionate | sociable | stubborn |

**55.** **Fügen Sie die folgenden Gegenteile entsprechend der Positionen auf der vorangegangenen Seite ein.**

| attentive | low | beautiful | wide |
|---|---|---|---|
| strong | far | big | fat |
| intelligent | long | peaceful | rude |

_____     _____     _____

_____     _____     _____

_____     _____     _____

_____     _____     _____

**56.** **Bringen Sie nun die Adjektive mit Personen aus Ihrem Freundes- und Bekanntenkreis oder mit Prominenten in Verbindung.**

*Sally is extroverted. Tim is* _____ .

*Linda and Will are* _____

_____

_____

_____

**57.** **Prägen Sie sich die folgenden Adjektive ein.**

▶ Memo-
Tipp
3A + 4

| | | |
|---|---|---|
| capable – incapable | patient – impatient | logical – illogical |
| regular – irregular | happy – unhappy | legal – illegal |
| moral – immoral | tidy – untidy | |

**58.** **In diesem Reimspiel sollen Sie sich unter Verwendung von Ortsnamen Reime ausdenken. Jede Strophe beginnt mit „I met a man, a man from …“. Orientieren Sie sich am angegebenen Beispiel und erfinden Sie neue Reime. Die Reime müssen keinen Sinn ergeben, lassen Sie Ihrer Fantasie freien Lauf!**

▶ Memo-
Tipp
3C + 6

I met a man, a man from Brighton,
Who went out and left the light on.

I met a man, a man from King's Lynn,

Who _____ .

I met a man, a man from Dover,

Who _____ .

I met a man, a man from Bath,

Who _____ .

**57. Ergänzen Sie mit der passenden negativen Vorsilbe.**

moral    _____          happy    _____

capable  _____          regular  _____

legal    _____          patient  _____

logical  _____          tidy     _____

> **Verschnaufpause: Welches ist die kleinste vierstellige Zahl, die man von links nach rechts und von rechts nach links lesen kann?**
>
> _____

**58. Mit welchen englischen Ortsnamen könnten sich die folgenden Wörter reimen?**

undone / _____          fridge / _____

school / _____          parcel / _____

pistol / _____          pork / _____

jester / _____          seeds / _____

**59. Prägen Sie sich die folgenden Buchstaben ein.**

▶ Memo-
Tipp 7

ER – N – SI – TER – BA – TH – U – COU – EW

**Verschnaufpause: Vervollständigen
Sie mit der fehlenden Zahl.**

| 2 | → | 2 |
| 8 | → | 16 |
| 100 | → | 300 |
| 20 | → | 80 |
| 300 | → | ? |

? = _____

**60. Finden Sie den Begriff, der sinngemäß nicht in die jeweilige
Wortreihe passt und prägen Sie sich ihn ein.**

▶ Memo-
Tipp 3A

1. father – parents – mother – recall

2. grandfather – labour – grandson – grandmother

3. tidy – wife – bridegroom – husband

4. daughter-in-law – son-in-law – vestry – father-in-law

**59.** Wenn Sie bei den folgenden Wortteilen die richtigen der eingeprägten Buchstaben ein- bzw. hinzufügen, erhalten Sie neue Wörter mit einer anderen Bedeutung. Thema der neuen Wörter ist „Familie".

| | | | | |
|---|---|---|---|---|
| moth | → _____ | | ster | → _____ |
| so | → _____ | | faer | → _____ |
| broer | → _____ | | neph | → _____ |
| ant | → _____ | | sin | → _____ |
| daugh | → _____ | | husnd | → _____ |

**60.** Schreiben Sie die Wörter, die nicht in die jeweilige Reihe gepasst haben, nacheinander auf. Schreiben Sie dann die Buchstaben der Anfangssilben in die Kästchen daneben. Nacheinander gelesen ergeben die Silben den Oberbegriff für die restlichen Wörter der vorangegangenen Seite.

1. _____ → ☐ ☐

2. _____ → ☐ ☐

3. _____ → ☐ ☐

4. _____ → ☐ ☐ ☐

Lösung: ☐ ☐ ☐ ☐ ☐ ☐ ☐ ☐ ☐

**61. Prägen Sie sich die folgenden Wörter ein und achten Sie dabei besonders auf deren Genus (maskulin oder feminin).**

▶ Memo-Tipp 3A

| widower | bachelor | husband | spinster |
|---------|----------|---------|----------|
| wife | single | spouse | divorcée |
| | widow | partner | |

**Verschnaufpause: Wie viele geometrische Figuren sind in der folgenden Zeichnung versteckt?**

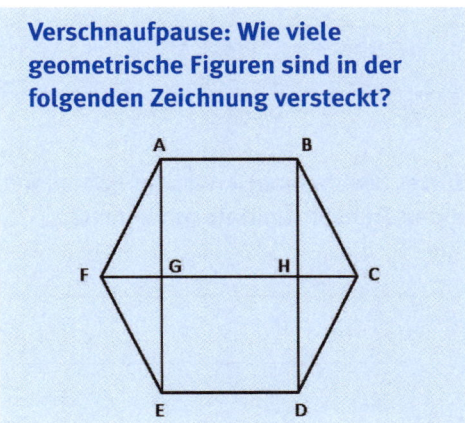

**62. Prägen Sie sich die folgenden Wörter ein. Sie mögen auf den ersten Blick ungewöhnlich sein, sind aber bei Reisen sehr nützlich.**

▶ Memo-Tipp 3A + 3E

check-in – landing – platform – station master – jack –

headlight – boarding-pass – luggage check – couchette –

take off – brakes – clutch – windscreen wipers

**61. Welche Wörter können sich nur auf einen Mann (♂)
beziehen? Welche nur auf eine Frau (♀)? Und welche – evtl.
mit Anpassungen – auf Mann und Frau (♂ + ♀)?**

♂          _____

♀          _____

♂ + ♀    _____

           _____

           _____

**62. Welche Wörter könnte man verwendet haben, wenn man mit
den folgenden Transportmitteln gereist ist?**

aeroplane:    _____

              _____

train:        _____

              _____

car:          _____

              _____

**63. Prägen Sie sich die folgenden Wörter ein.**

▶ Memo-
Tipp
3A + 3E

| hail | snow | rain | thunder | wind |
|------|------|------|---------|------|

| cloud | sun | fog | warm | cold |
|-------|-----|-----|------|------|

**Verschnaufpause:**
**Fügen Sie die Zahlen**
**1 bis 6 so in das Dreieck**
**ein, dass sich auf jeder**
**der drei Seiten die**
**gleiche Summe ergibt.**

**64. Prägen Sie sich die Ausdrücke des folgenden Wetterberichts**
**ein. Die Reihenfolge ist wichtig.**

▶ Memo-
Tipp
3E + 4

**Weather Forecast**

| today: | foggy in the morning |
|--------|----------------------|
| tomorrow: | cloudy all day |
| Tuesday: | a few clouds |
| Wednesday: | rain or storms |
| Thursday: | warm |
| Friday: | clear skies |
| Saturday: | showers possible |

**63.** Verwandeln Sie mit Hilfe der unten stehenden Angaben die Wörter der vorangegangenen Seite in einen Satz.

It's _____*windy*_____ .

It's _____ .

It's _____ .

_____ .

_____ .

_____ .

_____ .

_____ .

_____ .

*There's thunder* _____ .

**64.** An welchen Tagen wird das Wetter schön sein und an welchen nicht? Vervollständigen Sie die ersten beiden Zeilen und beantworten Sie dann die Frage nach dem Wochentag.

Good weather: _____

Bad weather: _____

What day is today? _____

**65. Prägen Sie sich Bild, Schriftzug und Nummerierung ein.**

▶ Memo-Tipp 3E

1. No waiting    2. No entry    3. No access

4. No smoking    5. No exit

**66. Prägen Sie sich die folgenden Sätze ein. Vielleicht hilft es Ihnen, sich die möglichen Situationen oder Verbotsschilder vorzustellen.**

▶ Memo-Tipp 3E + 4

1. Parking in front of the driveway is not allowed.

2. Crossing the lines is not allowed.

3. Leaning against the doors is not allowed.

4. Playing ball is not allowed.

5. Bringing dogs is not allowed.

6. Smoking is not allowed.

**65. Was ist verboten? Versehen Sie die folgenden Sätze mit den Bildnummern.**

Don't go out!    → Nr. _____          Don't smoke!         → Nr. _____

Don't go in!     → Nr. _____          Don't go through!    → Nr. _____

Don't stop!      → Nr. _____

**Wie bildet man im Englischen den verneinten Imperativ?**

_____

_____

**66. Schreiben Sie die Verbote mit dem Imperativ. Folgen Sie dem angegebenen Beispiel.**

1.  *Don't park in front of the driveway.*_____

2.  _____

3.  _____

4.  _____

5.  _____

6.  _____

**67.** Lesen Sie die folgenden Ausdrücke und achten Sie dabei besonders auf die „Unbekannten" A, B, X, Y und Z.

▶ Memo-Tipp 4

X centre – to apply for a X – a full-time X – a part-time X

private Y – to raise Y – to have sufficient Y – venture Y

to choose a Z – to build a Z – Z opportunities – a Z woman

sales A – personnel A – press A – advertising A

a family-owned B – a limited B – to set up a B – to work for a B

**68.** Suchen Sie im Buchstabengitter 13 Wörter (Substantive und Verben), die dem Bereich „Arbeit" entstammen. Die Wörter sind waagrecht (von rechts oder von links), senkrecht (von oben oder von unten) und diagonal versteckt. Prägen Sie sich die gefundenen Wörter ein.

▶ Memo-Tipp 3A + 6

| A | C | C | E | P | T | A |   | H | S |   | O |   |   |
|---|---|---|---|---|---|---|---|---|---|---|---|---|---|
| P | O |   |   | E |   | W | K |   | T | J | O | B | W |
| P |   | F |   |   | E | E | N | I | A | R | T | C | O |
| R | Y | M | F |   |   | I |   | E | F | R | A | A | R |
| E | O |   |   | I |   | V | E | W | F |   | R | R | K |
| N | L | O |   | Y | C | R | S |   |   | L |   | E | N |
| T | P |   | N | U | N | E | M | P | L | O | Y | E | D |
| I | M | T | C | A | R | T | N | O | C | D |   | R | D |
| C | E |   |   | M |   | N | T | O |   | G | O | U |   |
| E |   |   |   | N | O | I | S | S | E | F | O | R | P |

**67.** Ersetzen Sie die „Unbekannten" X, Y, Z, A und B jeweils mit dem passenden Wort.

X = _____        Y = _____

Z = _____        A = _____

B = _____

> **Verschnaufpause: Schreiben Sie sechs Mal die Ziffer 1 und fügen Sie ein Rechenzeichen dazwischen (immer dasselbe). Das Endergebnis muss 15 lauten.**
>
> _____ = 15

**68.** Welche Wörter haben Sie gefunden?

_____

_____

_____

_____

**Überprüfen Sie Ihre Angaben mit der Lösung und kehren Sie dann wieder zu dem Buchstabengitter auf der vorangegangenen Seite zurück. Die nicht verwendeten Buchstaben bilden einen englischen Spruch, der mit Geld zu tun hat.**

_____

**69. Prägen Sie sich die Namen der britischen Premierminister unter Königin Elizabeth II. in der angegebenen chronologischen Reihenfolge ein.**

▶ Memo-Tipp 3A

| | | | |
|---|---|---|---|
| Eden | Macmillan | Douglas-Home | Wilson |
| Heath | Wilson | Callaghan | Thatcher |
| Major | Blair | Brown | Cameron |

**70. Prägen Sie sich die Schriftzüge ein.**

▶ Memo-Tipp 3E + 4

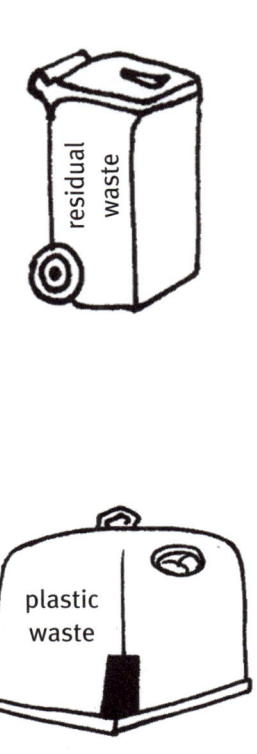

organic waste

residual waste

glass

paper and card-board

plastic waste

**69.** **Aus Versehen haben wir den Namen des ersten Premier-ministers vergessen. Wenn Sie die Ihnen bekannten Namen hier unten aufschreiben, erhalten Sie – nacheinander gelesen – seinen Vor- (graue Felder) und Nachnamen (blaue Felder).**

☐ ☐ ☐ N ☐ ☐ ☐ M ☐ ☐ L ☐ ☐

D ☐ ☐ ☐ ☐ A ☐ – ☐ ☐ ☐ E ☐ ☐ L ☐ ☐ ☐

H ☐ ☐ ☐ ☐ ☐ ☐ L ☐ ☐ ☐ ☐ A ☐ ☐ ☐ G ☐ ☐ ☐

☐ ☐ ☐ T C ☐ ☐ ☐ ☐ A ☐ ☐ ☐ ☐ L ☐ ☐ ☐

☐ R ☐ ☐ ☐ ☐ ☐ ☐ ☐ ☐ ☐ ☐

S I R ☐ ☐ ☐ S ☐ ☐ ☐ ☐ ☐ U R ☐ ☐ ☐ L L

**70.** **„Werfen" Sie die folgenden Gegenstände in den jeweils passenden Müllcontainer.**

newspaper – washing-up-liquid bottle – used paper napkin –

book – bottle – apple peel – notepad – glass – eggshell –

coffee grounds – teabag – dirty plastic cutlery

_____         _____

*organic waste*                 _____

_____         _____

_____         _____

_____         _____

**71. Prägen Sie sich den Sinn der folgenden Sätze und deren Nummerierung ein.**

▶ Memo-Tipp 4

When I was young …

1. I didn't like reading.

2. I slept a lot.

3. I went to a lot of parties.

4. I liked children.

5. I had perfect hearing.

6. I was essentially unhappy.

7. I always went to the seaside.

8. I had a lot of dreams.

9. I hated school.

**72. Konzentrieren Sie sich auf die Verben in den Vergangenheitszeiten.**

▶ Memo-Tipp 4

When I went into town yesterday I met my niece with her mother. Strangely enough, I've bumped into them 3 times this week already! Very unusual. My niece had a chocolate ice-cream in her hand. "Chocolate?" I asked. I've bought her a lot of ice-creams but she's always said she doesn't like chocolate. But now she was really enjoying it. Then, suddenly, she dropped it. I've never seen her cry so much! Poor child!

**71. Nun ist alles anders. Schreiben Sie die den vorangegangenen Aussagen sinngemäß jeweils entsprechende Nummerierung neben die Sätze.**

But nowadays...    I can't sleep.    _____

I'm slightly deaf.    _____

I can't bear them any more.    _____

I hate the noise and chaos.    _____

I only like the mountains.    _____

I remember it fondly.    _____

I spend my life with newspapers, novels and poetry.    _____

Is getting old a bad thing? No! I've fulfilled them all!    _____

I'm really happy.    _____

**72. Tragen Sie die Verben der Erzählung ein.**

simple past:

_____

present perfect:

_____

**73. Betrachten Sie aufmerksam die Zeichnungen und die dazugehörigen Namen.**

▶ Memo-Tipp 3E

| Pauline | Mark | Claire | Lucas |

| Lucy | Fiona | David | Ellen |

▶ Memo-Tipp 3D

**74. Prägen Sie sich den folgenden Satz ein.**

I'm having a break. I'm walking around, I'm singing, I'm making

a phone call, I'm whistling, I'm stretching, I'm yawning,

I'm sucking a sweet, I'm doing press-ups, I'm relaxing.

**73. Beantworten Sie die Fragen.**

1. Who's sleeping?  _____

2. Who's going for a walk?  _____

3. Who's reading?  _____

4. Who's smoking?  _____

5. Who's eating?  _____

6. Who's painting?  _____

7. Who's drinking?  _____

8. Who's watching television?  _____

**Verschnaufpause: Zeichnen Sie eine Blume, die zur logischen Reihenfolge der anderen Blumen passt.**

**74. Stehen Sie nun auf und machen Sie wirklich eine Pause. Wiederholen Sie laut den Satz und machen Sie die Tätigkeiten nach. Und wenn Ihnen der Sinn noch nach anderen Pausenaktivitäten steht, machen Sie natürlich auch diese.**

**75.** Merken Sie sich die folgenden Buchstaben. Helfen Sie sich
dabei mit einer Eselsbrücke.

▶ Memo-
Tipp
6 + 7

OG   CO   PE   OR   OW   EE   IG   RA   EN

> **Verschnaufpause:** Versuchen Sie den folgenden
> englischen Zungenbrecher laut und ohne zu „stolpern"
> zu lesen.
>
> She sells sea shells by the sea shore.
> If she sells sea shells by the sea shore,
> where are the sea shells she sells?

**76.** Lesen Sie aufmerksam und prägen Sie sich die Details ein.

▶ Memo-
Tipp
3E + 4

1. I'm seven years old like Susie, my owner. My name's Snowy
   and I'm white. I'm very loving and I spend a lot of time with
   Susie. When I'm happy I miaow. I like lying on the sofa in
   the living room.

2. My name's Fido. I'm black. I'm four years old and I've got
   four paws. I live with my owner in his house which I guard
   carefully. At night I sleep outside in my kennel.

3. I'm Billy. I'm red and I live in a bowl full of water. I never
   speak. Everyone in the house likes me but I've got one
   enemy – Snowy.

**75. Verwenden Sie die Buchstaben, um die folgenden Tiernamen zu vervollständigen.**

◯ w      h ◯      d ◯      w ◯ m

cr ◯      ◯ ck      sh ◯ p      gi ◯ ffe

◯ nguin      h ◯ se      g ◯ illa      hedgeh ◯

ch ◯ tah      t ◯ er      fr ◯      sparr ◯

◯ bbit      b ◯      p ◯ eon      fal ◯ n

**76. Beantworten Sie die Fragen.**

1. What are the animals in the "interviews" and what are their names?

   _____

2. Where do they live?

   _____

3. What colour are they? _____

4. Who's Susie and how old is she?

   _____

5. Two animals sleep in the same house. Which ones?

   _____

**77.** Prägen Sie sich die folgenden Wörter ein, die keinen erkennbaren Zusammenhang aufweisen. Nutzen Sie dazu Ihre Fantasie, indem Sie z. B. eine Geschichte ausdenken, die die Wörter verbindet.

▶ Memo-Tipp 5

| | | | |
|---|---|---|---|
| head | plate | box | fish |
| man | port | bed | sun |

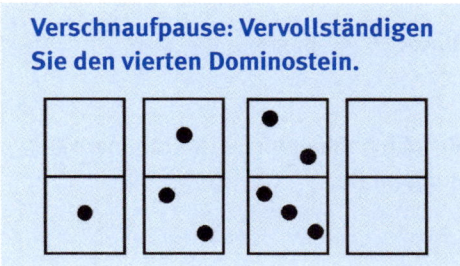

**Verschnaufpause: Vervollständigen Sie den vierten Dominostein.**

**78.** Prägen Sie sich die folgenden Wörter ein. Sie ergeben auch ohne die Zusätze in Klammern einen Sinn. Die Wörter in den Klammern erläutern jedoch den Verwendungskontext.

▶ Memo-Tipp 4

(emergency) lane          (road) accident

(accident) victim          (car) crash

(safety) belt          (risky) overtaking manoeuvre

(hazard) lights

**77.** **Die Wörter der vorangegangenen Seite sind allesamt Teile zusammengesetzter Wörter. Versuchen Sie nun, die eingeprägten Wortteile mit den unten stehenden Wörtern zu verbinden (Mehrfachnennungen sind möglich).**

_____room          air_____          _____go

_____hole          sword_____          _____ cream

letter_____          name_____          _____phones

_____flower          post_____

**78.** **Erinnern Sie sich an die Wörter in Klammern? Vervollständigen Sie.**

crash                              _____

victim                              _____

accident                          _____

lights                              _____

belt                                _____

lane                                _____

overtaking manoeuvre          _____

**79. Betrachten Sie die folgenden Gegenstände, sprechen Sie deren Bezeichnungen mehrmals laut und prägen Sie sich die Wörter ein.**

▶ Memo-
Tipp 3E

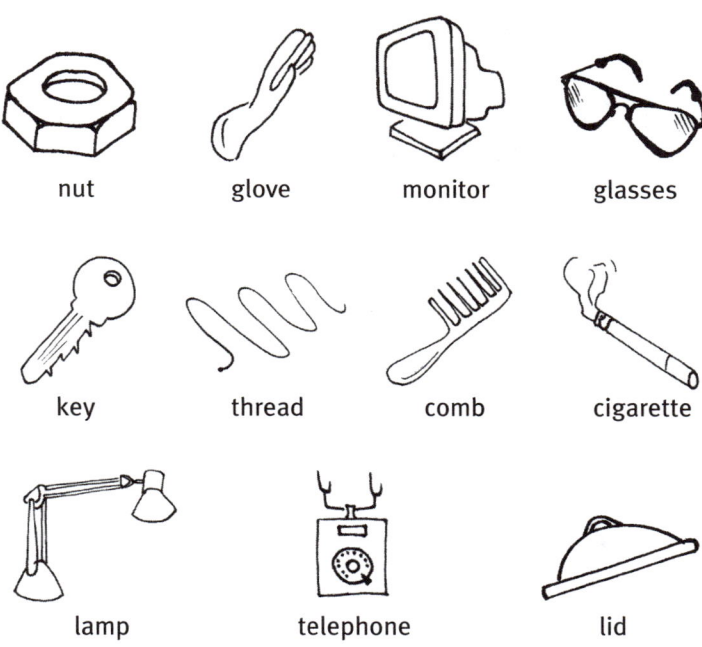

nut          glove          monitor          glasses

key          thread          comb          cigarette

lamp          telephone          lid

**80. Prägen Sie sich die folgende Liste mit Haushaltsgegenständen ein.**

▶ Memo-
Tipp
3A + 3E

| hammer | juicer | broom |
| needle | scissors | freezer |
| CD-player | cooker | duster |
| | slicer | |

**79.** **Die Gegenstände auf der vorangegangenen Seite lassen sich nicht ohne die folgenden Dinge verwenden. Finden Sie die entsprechenden Gegenstandspaare mit Hilfe der angegebenen Wörter. Schreiben Sie unter die jeweilige Zeichnung das entsprechende Begriffspaar.**

computer • bulb • nose • saucepan • needle • screw •
keyhole • match • hair • receiver • hand

| | | | | | |
|---|---|---|---|---|---|
| _____ | _____ | _nut_ | _____ | _____ | _____ |
| + | + | + | + | + | + |
| _____ | _____ | _screw_ | _____ | _____ | _____ |

| | | | | |
|---|---|---|---|---|
| _____ | _____ | _____ | _____ | _____ |
| + | + | + | + | + |
| _____ | _____ | _____ | _____ | _____ |

**80.** **Was ist heute alles zu tun und mit welchen Gegenständen?**

1. eat salami: _____
2. freeze food: _____
3. cut material: _____
4. sew: _____
5. dust: _____

6. drink lemonade: _____
7. drive a nail: _____
8. listen to music: _____
9. cook: _____
10. sweep: _____

**81.** Eine geheimnisvolle Schatzkarte erwartet Sie auf der folgen-
den Seite. Statt aus Buchstaben besteht der Text nur aus
Zahlen (jede Zahl entspricht einem Buchstaben).
Entschlüsselt wurden bisher lediglich 8 Buchstaben. Prägen
Sie sich diese zusammen mit der entsprechenden Ziffer ein.

 ▶ Memo-
Tipp
3F + 6

| | | | | |
|---|---|---|---|---|
| 1 = W | 2 = F | 3 = N | 4 = D | 5 = T |
| 6 = R | 7 = E | 8 = S | 9 = K | |

**Verschnaufpause:** Das „magische Quadrat"
heißt so, weil die Summe aller waagrechten,
senkrechten und diagonalen Zahlen immer
identisch ist. Vervollständigen Sie es.

| 6 | | 8 |
|---|---|---|
| | 5 | |
| 2 | | 4 |

**82.** Prägen Sie sich die folgenden Wörter ein.
Die Reihenfolge ist wichtig.

▶ Memo-
Tipp 3A

1. December     2. greetings     3. joy

4. decorations     5. wreath     6. presents

**81.** **Entschlüsseln Sie mit Hilfe der Kenntnisse von der vorangegangenen Seite nun den restlichen Text.**

4  10  –  11  10  12  –  1  13  3  5  –  5  10  –  2  14  3  4  –

5  15  7  –  5  6  7  13  8  12  6  7?  5  13  9  7  –

7  14  16  15  5  –  8  5  7  17  8  –  5  10  –

5  15  7  –  3  10  6  5  15  –  8  5  13  6  5  14  3  16  –

2  6  10  18  –  5  15  7  –  8  9  12  19  19  –

8  15  13  17  7  4  –  6  10  20  9.

5  13  9  7  –  13  3  10  5  15  7  6  –  5  15  14  6  5  11

–  8  5  7  17  8  –  5  10  –  5  15  7  –  7  13  8  5  –

13  3  4  –  4  14  16  –  13  –  15  10  19  7.

14  3  –  5  15  7  –  16  6  10  12  3  4  –  11  10  12  –

1  14  19  19  –  2  14  3  4  –  13  –  20  15  7  8  5  –

2  12  19  19  –  10  2  –  16  10  19  4  –  20  10  14  3  8.

**82. Notieren Sie nun folgende Buchstaben („W" + Zahl bezeich-
net das jeweilige Wort, „B" + Zahl den entsprechenden
Buchstaben des Wortes).**

W1  W1  W2  W4  W3   W4  W5  W5  W2  W6  W5  W1  W4  W6

B5  B4  B2  B5  B3   B3  B6  B2  B6  B4  B5  B5  B6  B8

**83. Prägen Sie sich die Sätze ein. Es handelt sich um Zukunfts-
überlegungen „unserer Vorfahren".**

▶ Memo-
Tipp
3E + 4

Who knows if our children's children...

1. ... will still use fire for heating.

2. ... will still travel on foot.

3. ... will still sleep in caves.

4. ... will still fight with clubs.

5. ... will still wear animal skins.

6. ... will still hunt to eat.

**84. Lesen Sie die Sätze laut vor. Wiederholen Sie sie dann mit
geschlossenen Augen „rückwärts" nach dem unten angegebenen Schema. Prägen Sie sich dabei auch die Reihenfolge
der Sätze ein.**

▶ Memo-
Tipp 4

Beispiel:
*Tomorrow I'll go to the seaside.*
*Seaside – to the seaside – I'll go to the seaside – Tomorrow
I'll go to the seaside.*

1. I'll be late as usual.

2. Will you stay in the office
late tomorrow?

3. This evening he'll tell me
what he plans to do.

4. I don't think we'll invite
them for Easter.

5. I always wonder whether
you'll pass the exam.

6. I invited them yesterday.
Will they come?

**83. Auf welche Sätze beziehen sich die Zeichnungen? Schreiben Sie die entsprechenden Sätze wie im Beispiel neben die passenden Zeichnungen.**

*Will they travel on foot?*

_____

_____

_____

_____

_____

**84. An welcher Stelle im Satz steht das Verb im Futur? Notieren Sie Position und Verb wie im Beispiel.**

1.  *zweites und drittes Wort (will be)*

2.  _____

3.  _____

4.  _____

5.  _____

6.  _____

**85. Prägen Sie sich die folgenden vier Wörter ein.**

▶ Memo-Tipp 6

1. FOOD    2. ANIMALS    3. PEOPLE    4. VERBS

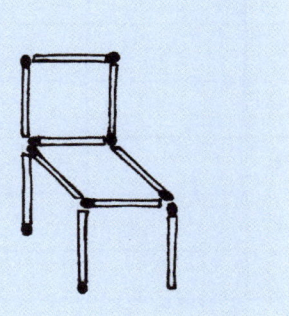

**Verschnaufpause:
Drehen Sie den Stuhl
um 90 Grad, indem
Sie lediglich zwei
der Streichhölzer
verschieben.**

**86. Ergänzen Sie die Sprichwörter (Tipp: sie reimen sich!) und
prägen Sie sie sich zusammen mit der dazugehörigen Nummer
ein. Überprüfen Sie Ihre Ergänzungen dann mit den Lösungen.**

▶ Memo-Tipp 3C + 4

1. An apple a day keeps the doctor ▢▢▢▢.

2. Red sky at night, shepherds' delight; red sky in the
   ▢▢▢▢▢▢▢, shepherds' warning.

3. Finders keepers, losers ▢▢▢▢▢▢▢.

4. Birds of a feather flock ▢▢▢▢▢▢▢▢.

5. When the cat's away the mice will ▢▢▢▢.

6. Early to bed and early to ▢▢▢▢ makes a man
   healthy, wealthy and wise.

**85. Finden Sie für jeden der folgenden Anfangsbuchstaben ein Wort, das zu den vier Themenbereichen der vorangegangenen Seite passt.**

|   | 1. _____ | 2. _____ | 3. _____ | 4. _____ |
|---|---|---|---|---|
| G |  |  |  |  |
| B |  |  |  |  |
| M |  |  |  |  |
| C |  |  |  |  |
| S |  |  |  |  |

**86. Zu welchen Sprichwörtern gehören die folgenden Erklärungen?**

☐ = a. If you find something you can keep it.

☐ = b. Sleeping well and getting up early will help you physically and financially.

☐ = c. Eating healthy food keeps you healthy.

☐ = d. People misbehave when they are not controlled.

☐ = e. Red sky in the evening means good weather the next day. Red sky in the morning means bad weather.

☐ = f. People with similar interests stay together.

**87. Merken Sie sich die folgenden Fragen und ihre Reihenfolge.**
**Überlegen Sie sich auch mögliche Antworten auf die Fragen.**

▶ Memo-
Tipp
3E + 5

1.  What can you wear? _____

2.  What can collapse? _____

3.  What can you spread? _____

4.  What can you read? _____

5.  What can you drive? _____

**88. Prägen Sie sich die folgenden Definitionen in der**
**angegebenen Reihenfolge ein.**

▶ Memo-
Tipp 4

1.  It's smaller than a ship.

2.  I wear it in winter.

3.  It's a synonym of price.

4.  If I can't find it then it's...

5.  It's the opposite of least.

6.  It's similar to fog.

**87. Kreuzen Sie die jeweils richtige Antwort an.**

1. ... but isn't in your wardrobe?
   - ☐ shoes.
   - ☐ a jacket.
   - ☐ a T-shirt.
   - ☐ a beard.

2. ... in a crisis?
   - ☐ the economy.
   - ☐ a bridge.
   - ☐ a building.
   - ☐ a house of cards.

3. ... on your bread?
   - ☐ butter.
   - ☐ an illness.
   - ☐ a rumour.
   - ☐ the word.

4. ... without print?
   - ☐ a newspaper.
   - ☐ a book.
   - ☐ a letter.
   - ☐ lips.

5. ... but without moving?
   - ☐ a car.
   - ☐ a train.
   - ☐ a lorry.
   - ☐ someone mad.

**88. Bei einem Metagramm verwandelt sich durch Veränderung eines Buchstabens ein Wort in ein anderes (z. B. Maus, Laus, Laut, … ). Versuchen Sie mit Hilfe der Definitionen, Wörter zu finden, die das folgende Metagramm lösen.**

1. ___*boat*___ → 2. _____ → 3. _____ →

4. _____ → 5. _____ → 6. ___*mist*___

**89. Merken Sie sich die Verbindungen aus Farbe und Satz.
Denken Sie dabei an Ihre fünf Sinne!**

▶ Memo-
Tipp
3E + 3G

black  →  It's beautiful!          yellow  →  What a lovely perfume!

green  →  This cake is             white  →  Can't you hear?
           delicious!

blue  →  This material is
          so soft!

**90. Lesen Sie sich die folgenden Sätze aufmerksam durch und
prägen Sie sie sich ein. Die Sätze beinhalten alle eine besondere Schwierigkeit für Lerner mit deutscher Muttersprache.
Versuchen Sie herauszubekommen, von welcher Schwierigkeit
die Rede ist.**

▶ Memo-
Tipp 8

1. Put this map of the building in your folder.

2. He took a short cut down an alley to reach the avenue.

3. My boss hired a famous chef for the office Christmas party.

4. I found this wallet on the floor in the corridor.

5. Tell me your opinion on the meaning of life.

6. The critic wrote a good review of the film.

### 89. Welche „Farbe" haben die folgenden Sätze?

1. _____ → That's the bell. Can you open the door?

2. _____ → Where is that burnt smell coming from?

3. _____ → Oh wow, this is hot!

4. _____ → Did you forget the salt? This is tasteless!

5. _____ → What a lovely day!

6. _____ → The leather is too rough.

7. _____ → The telephone's always engaged!

### 90. Haben Sie bemerkt, dass in jedem Satz ein „falscher Freund" zusammen mit seiner richtigen Übersetzung versteckt war? Schreiben Sie alle falschen Freunde wie im Beispiel angegeben auf.

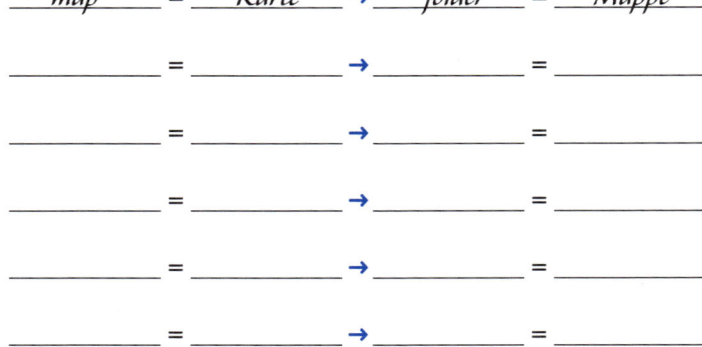

___*map*___ = ___*Karte*___ → ___*folder*___ = ___*Mappe*___

_____ = _____ → _____ = _____

_____ = _____ → _____ = _____

_____ = _____ → _____ = _____

_____ = _____ → _____ = _____

_____ = _____ → _____ = _____

**91. Merken Sie sich die folgenden Wörter.**

▶ Memo-
Tipp
3E + 6

| | |
|---|---|
| swing | march |
| dealer | cause |
| listen | nameless |
| insect | oceans |
| fringe | vowels |

> **Verschnaufpause: Stellen Sie sich vor, Sie haben ein Seil von 26 Metern Länge und schneiden davon jeden Tag zwei Meter ab. Nach wie vielen Tagen sind Sie damit fertig?**
>
> Nach _____ Tagen.

**92. Vervollständigen Sie die folgenden Verben mit einem Ihnen geläufigen, passenden direkten Objekt. Prägen Sie sich die Verben dann ein.**

▶ Memo-
Tipp 4

charge _____    dress _____

promote _____    spend _____

take _____    miss _____

save _____    draw _____

**91.** Die folgenden Wörter sind Anagramme derjenigen Wörter, die Sie sich gerade eingeprägt haben. D. h. die Buchstaben wurden innerhalb eines Wortes so umgestellt, dass ein neues Wort entsteht. Schreiben Sie neben jedes Anagramm das entsprechende ‚ursprüngliche' Wort aus der Liste der vorangegangenen Seite.

wolves    →    _vowels_          nicest   →   _____

leader    →    _____      finger   →   _____

sauce     →    _____      charm    →   _____

salesman  →    _____      silent   →   _____

wings     →    _____      canoes   →   _____

**92.** Ergänzen Sie die folgenden direkten Objekte mit den Verben der vorangegangenen Seite. Achtung: Die Bedeutung der Verben kann sich im Vergleich zu den Ausdrücken, die Sie gebildet haben, verändern.

_____ my parents         _____ time

_____ the curtains       _____ a photo

_____ an employee        _____ a high price

_____ a salad            _____ a person in
                                             danger

Das Lesen bzw. Leseverstehen ist eine Fähigkeit, die sich durch spezifische Übungen verbessern lässt. Im Folgenden stellen wir Ihnen ein paar Möglichkeiten vor.

## 1. Schneller lesen

Um in einem Text gezielt die Informationen zu entdecken, die Sie interessieren und dabei die unwichtigen Stellen zu vernachlässigen, muss man in der Lage sein, schnell zu lesen. Testen Sie sich: Nehmen Sie eine Stoppuhr (womöglich hat Ihr Mobiltelefon eine entsprechende Funktion), ein Buch oder eine Zeitung in Ihrer Muttersprache und überprüfen Sie, wie viele Wörter Sie innerhalb einer Minute lesen können (Artikel oder Konjunktionen zählen dabei nicht als eigenständige Wörter).
Wenn Sie mehr als 300 Wörter geschafft haben, sind Sie bereits ein sehr schneller Leser. Wenn Sie darunter liegen, sollten Sie nach und nach versuchen, die Geschwindigkeit beim Lesen zu erhöhen. Übung macht den Meister: Denn je mehr Sie lesen, desto schneller lesen Sie. Außerdem gewöhnt sich das Gehirn innerhalb kurzer Zeit an das schnellere Tempo beim Lesen. Es ist bei einem schnellen Lesetempo insgesamt sogar leistungsfähiger!

## 2. Texte „überfliegen"

Wenn man einen Text „überfliegt" – oder „quer" liest – verschafft man sich einen ersten Überblick. Die Beherrschung dieser Technik ist wichtig für die Beurteilung, ob es sich lohnt, einen Text genauer – also Wort für Wort – zu lesen oder nicht. Dazu muss man sich darüber bewusst sein, welche Informationen man in einem Text finden möchte (Namen, Begriffe etc.). Beim Überfliegen des Textes müssen Sie dann auf Wörter, die mit dem Gesuchten in Verbindung stehen, Acht geben (und diese eventuell unterstreichen). Anhand der (Menge der) Signalwörter können Sie dann entscheiden, ob der Text für Ihre Zwecke geeignet ist (selektives Leseverstehen). Viele Texte müssen also nicht bis ins Detail gelesen werden. Auch um in einem Text die groben Zusammenhänge wiedergeben zu können, reicht es, ihn zu „überfliegen". Dabei sucht man Antworten auf die sogenannten W-Fragen: Wer? Was? Wann? Wo? Wie? Warum? etc. Wenn Sie einen Text vor dem Hintergrund dieser Leitfragen „überfliegen", erkennen Sie schnell den Gesamtzusammenhang (globales Leseverstehen).

### 3. Blickfeld erweitern

Die Erweiterung des Blickfelds erlaubt es, die Lesemenge mit einem Blick zu erweitern, also längere Wörter oder ganze Sätze schneller zu erfassen. Je stärker das Blickfeld eingeschränkt ist, desto eingeschränkter arbeitet das Gehirn. Fordern Sie Ihr Gehirn also, indem Sie Ihr Blickfeld und damit die zu verarbeitende Datenmenge erweitern. Testen Sie sich, indem Sie – ohne die Augen zu bewegen – versuchen, so viele Wörter wie möglich zu erfassen.

### 4. Inhalte „erraten"

Kontextgebundenes „Erraten" von Buchstaben und Silben erleichtert und beschleunigt den Leseprozess. Bei geläufigen Wörtern werden dabei z. B. nicht alle Silben bewusst gelesen, sondern passend im Gehirn ergänzt, sodass das Wort vor dem jeweiligen Texthintergrund Sinn ergibt.

### 5. Vermutungen anstellen

Stellen Sie im Vorfeld Vermutungen über den möglichen Inhalt eines Textes an (z. B. anhand seiner Überschrift). Hilfreich sind auch hier die W-Fragen. Dieser Schritt wird Ihnen das Textverständnis erleichtern und Ihnen außerdem helfen, den Inhalt besser im Gedächtnis zu behalten.

Es spielt letztlich auch keine Rolle, ob Ihre Vermutungen zutreffen. Denn die Auseinandersetzung mit Vermutungen vor dem Lesen gewährleistet während des Lesens eine aktivere und effektivere Aufnahme der Inhalte und sorgt außerdem für Bestätigungen oder Überraschungen.

## 6. Details erfassen

Wenn man in einem Text Einzelheiten verstehen möchte, spricht man vom detaillierten oder analytischen Lesen. Man liest Wort für Wort, Zeile für Zeile, Absatz für Absatz. Um alles zu erfassen und zu verstehen, muss man den Vorgang evtl. auch wiederholen. Um sich die Inhalte dann auch zu merken, können Sie natürlich wieder auf die Ihnen aus den vorangegangenen Übungen bereits bekannten Memo-Tipps zurückgreifen.

Die folgenden Übungen greifen die hier dargestellten Lesestrategien wieder auf. Die Verweis ▶ L + Ziffer führt Sie zu der jeweils für eine Aufgabe anwendbaren Lesestrategie. Die übrigen Angaben beziehen sich auf die zu Beginn des Buchs dargestellten Memo-Tipps.

**93.** **Lesen Sie den folgenden Text lautlos und stoppen Sie die Zeit, die Sie dafür benötigen. Lesen Sie den Text insgesamt drei Mal und stoppen Sie jedes Mal die Zeit. Haben Sie sich verbessert? Um wie viele Sekunden?** ▶ L1

Coffee is probably the most well-known drink in the world. The name is similar almost everywhere except in Ethiopia, where coffee originally comes from, where it's called bunna. Yes, coffee was born in Ethiopia in an area called Kaffa, where the first plants were discovered. It wasn't drunk for many centuries; the beans were eaten whole or crushed with hot butter, which is still customary today in some remote parts of the area. One of the many legends about the discovery of coffee is the one about the shepherd from Kaffa, who was very lazy and whose sheep were always half asleep. But one day the animals were full of energy after eating the berries of a certain plant. So the shepherd tried the berries, too, and found them very stimulating. A monk noticed how bright the shepherd was and tried the berries for himself. He then noticed he was more alert and attentive at evening prayers. So the monk passed the secret of coffee on and it spread, first throughout Ethiopia and then all over the world.

**94. Erkennen Sie so schnell wie möglich das Wort, das nicht in die jeweilige Reihenfolge passt.**

▶ L2

1. bear pear wear near

2. meat neat sweat heat

3. cow low now how

4. blood wood look foot

5. laid maid said paid

**95. Lesen Sie die Wörter, indem Sie immer das kleine Quadrat im Auge behalten.** ▶ L3

|  |  |
|---|---|
| ▪ | ▪ |
| tea | son |
| ▪ | ▪ |
| tree | song |
| ▪ | ▪ |
| train | sorry |
| ▪ | ▪ |
| travel | spring |
| ▪ | ▪ |
| trainer | Spanish |
| ▪ | ▪ |
| trousers | specially |
| ▪ | ▪ |
| transparent | strawerry |

**96. Lesen Sie Zeile für Zeile, aber fixieren Sie mit Ihrem Blick dabei die Mitte des Textes.** ▶ L3

be

bad

bald

black

bakery

because

beautiful

bathroom

**97. Lesen Sie die folgenden englischen Wörter laut.**
   **Sie sind Ihnen im Laufe der vorangegangenen Übungen**
▶ L4  **bereits begegnet.**

l•mp                  tr•v•l                s•mmer

tr•ns•ar•nt           d•sc•ver              g•and•ot•er

N•v•mb•r              let••r                p•rf•me

•umb•r                y•ll•w                t•l•visi•n

•ve•ing               b••r•ing p•ss         tel•ph•n• c••l

•pp•y •or a •ob


**98. Lesen Sie laut den folgenden Zeitungsbericht und ergänzen**
▶ L4  **Sie dabei möglichst flüssig die fehlenden Vokale.**

## Girl tries to sell grandmother on eBay

A t•n - y••r - •ld g•rl tr••d t• s•ll h•r gr•ndm•th•r
on eBay b•c••se sh• c••ldn't st•nd h•r •ny
m•r•. Th• g•rl d•scr•b•d h•r gr•ndm•th•r •n
th• w•ll - kn•wn a•cti•n s•t• as s•me•n• wh•
c•nst•ntly c•mpl••ns b•t •s v•ry •ff•ction•t•.
Th• g•rl d•d n•t s•t a min•m•m b•d b•t b•f•r•
eBay d•l•t•d th• •t•m 27 b•ds w•r• r•c••v•d.

**99.** Lesen Sie den folgenden Text laut vor. Ergänzen Sie die
fehlenden Informationen beim Lesen.

▶ L4

### 300g piranha caught

A fully-grown 300g piranha has been caught, much to
the surprise of the angler, who took his catch home
It may have been thrown into the river by someone after
emptying their aquarium at home.

**100.** Suchen und unterstreichen Sie im Text die Wörter, die Sie
dem Bereich „Kriminalität" zuordnen (auch wenn Sie die
genauen Wortbedeutungen nicht kennen).

▶ L2

## Cat kidnapped and held to ransom.
## 7 people arrested.

They kidnapped a cat and held it to ransom but were
reported by its owner. 7 people considered responsible for
the „kidnapping" have been arrested. The owner of the
cat received an anonymous phone call saying her cat had
been kidnapped, and demanding a ransom of 20 Euros.
The woman agreed to pay but before leaving to hand over
the money she called the police. The kidnappers, 4 women
and 3 men, were arrested and accused of extortion.

Lesen Sie den Text erneut, diesmal mit dem Augenmerk
auf die einfache Vergangenheit.

**101.** **Interessieren Sie sich für Sport (a), Gerichtsberichte (b), Medizin (c), Wirtschaft (d), Nachrichten aus aller Welt (e) und von Stars und Sternchen (f)? Welche der folgenden Artikel würden Sie lesen?**

▶ L2 + L5

1. Primary school essay by McCartney found. _f_
2. Kidnapping victim makes call from car boot. ____
3. Downturn in European and Asian stockmarkets. ____
4. Driver stops bus and goes for dinner. ____
5. High expectations, no goals. ____
6. British discover key gene in brain tumours. ____

**102.** **Lesen Sie den Artikel vor dem Hintergrund der folgenden Fragen.**

▶ L2

1. Who is the main character in the story?

2. What happened?

# Honest pensioner

A 70 year-old pensioner found and returned a lottery ticket worth over £15,000. The elderly man had gone for a walk and found a wallet containing the lottery ticket, a couple of photographs and a receipt for a pre-paid mobile-phone card. Thanks to the phone number on the receipt the man was able to return the wallet to its owner, a 36 year-old construction worker.

**103.** Lesen Sie die folgende Schlagzeile und stellen Sie eine kurze Vermutung über den Inhalt des dazugehörigen Zeitungsartikels an. Die W-Fragen können Ihnen dabei als Leitfragen behilflich sein. Blättern Sie dann um.

▶ L5

# Thieves call 999[1] and ask for help

[1] Notrufnummer in Großbritannien

**104.** Lesen Sie den folgenden Artikel und prägen Sie sich die darin genannten Detailangaben (Maße, Kosten, etc.) ein. Versuchen Sie dann, die Aufgabe auf der folgenden Seite zu lösen.

▶ L6 + Memo-Tipp 4 + 8

## NEW YORK – NARROWEST HOUSE FOR SALE

New York's narrowest house is for sale at a none too modest price – 2.75 million dollars. The house is in Greenwich Village and is less than 3 metres wide, has 3 floors and is 140 sq.m. in total. Built in 1873, it has housed celebrities such as the anthropologist Margaret Mead, the poet Edna St. Vincent Millay, Cary Grant and John Barrymore.

**103. Treffen Ihre Vermutungen zu? Lesen Sie den zur Schlagzeile gehörigen Zeitungsartikel.**

A car-dealership owner caught two men attempting to steal petrol and gave chase. The thieves called 999 and asked for help. They had broken in but were discovered by the owner who attacked them with sticks and chased them onto the roof. The thieves had no choice but to ask the police to come and arrest them for fear of being beaten up by the owner. The police arrived and took the men into custody soon after.

**104. Ergänzen Sie die fehlenden Informationen (Zahlen und Namen).**

The narrowest house in New York is for sale for

_____ . The house is less than _____

metres wide, has _____ floors and is _____ square metres

in total.

It was built in _____ . It has housed celebrities such as

_____ , _____ ,

_____ and _____ .

**105.** Lernen Sie den Text auswendig.

▶ L6 +
Memo-
Tipp
3E + 4

**Why is the sky blue?**
The earth's atmosphere is a layer of gas around the earth
which protects it from the sun's rays and lets only one of the
seven colours which make up sunlight through – blue.

> **Verschnaufpause: Ein Kalenderblatt zeigt den 1. April
> an. Wie viele Blätter müssen Sie abreißen, bis Sie zu
> einem Datum mit der Angabe 31. gelangen?**
>
> _____

**106.** Prägen Sie sich den Text ein.

▶ L6 +
Memo-
Tipp
3E + 4

# Parrot speaks like a child

His name is Cocorito, he is seven years old and is a
grey parrot that lives in the USA. He is the first bird in
the world able to speak as well as a child. He knows
950 words and can pronounce them in perfect English.

**105. Beantworten Sie die folgenden Fragen.**

1. Are there any questions in the text or the title?

_____

2. How many words are there in the text and the title?

_____

3. How many articles are there?    _____

4. How many numbers are there?    _____

5. How many "'s" are there? Do they have the same meaning?

_____

**106. Lesen Sie den Text erneut, unterstreichen Sie die Wörter, die verändert wurden und ersetzen Sie sie mit den ursprünglichen Wörtern.**

He's called Cocorito, he is seven years of age and is a grey parrot that lives in America. He is the first parrot in the world able to speak like a child. He knows 950 words and can pronounce them in perfect English.

**107. Lernen Sie die Sätze samt Nummerierung auswendig.**

▶ L6 +
Memo-
Tipp 4

1. A new-born baby is already in the Guiness Book of Records.

2. James Doyle, born in a hospital in Los Angeles, holds a world record.

3. The baby has the highest number of living ancestors – 13: grandparents, great-grandparents and great-great-grandparents.

**108. Lesen Sie den Artikel. Prägen Sie sich die Ihrer Ansicht nach fehlenden Wörter ein.**

▶ L6 +
Memo-
Tipp 4

### *Police car fined for speeding*

The detectives were driving at 111 kph on a

_____ with a _____ of 110 kph.

They were _____ for _____ by their

colleagues from the traffic department although

they only exceeded the limit by one kilometre per

hour. The _____ were on their way to

answer an _____ but their flashing

blue light was not taken into account.

**107.** **In welchen der drei Sätze finden sich …**

1. names of relatives?   *In the third sentence.*

2. the child's name?   _____

3. a number?   _____

4. the name of a city?   _____

5. another name?   _____

6. a superlative?   _____

7. adjectives?   _____

**Verschnaufpause: Lösen Sie die „Gleichung".**

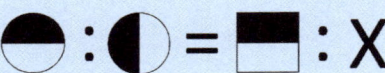

**108.** **Bringen Sie die folgenden fehlenden Wörter aus dem Text auf der vorangegangenen Seite in die richtige Reihenfolge. Fügen Sie sie dann auch in den Text ein.**

_____ fined          _____ emergency call

___1___ road           _____ detectives

_____ speeding       _____ speed limit

**109.** Die folgenden Schlagzeilen sind nicht eindeutig einem Thema zuzuordnen. Stellen Sie auf Englisch Vermutungen über mögliche Inhalte an. Prägen Sie sich dann die Sätze mit der dazugehörigen Nummerierung ein.

▶ L5 + Memo-Tipp 4

1. # Work made me fat!

2. # Cambridge is best.

3. # Thank God we didn't win!

4. # Odyssey of a green suitcase.

**110.** Lesen Sie überblicksartig den folgenden Artikel.

▶ L2

## One-way regulation for pedestrians in Venice

The city council of Venice has approved a one-way regulation for pedestrians during the carnival celebrations from 7th to 24th February. Failure to respect this regulation will result in fines of between 25 and 500 Euros.

**109. Welchen Schlagzeilen entsprechen die folgenden Untertitel?**

_____ "I went from 60 to 130 kilos." The hard life of a restaurant critic.

_____ "My holidays were ruined." Woman's suitcase containing all her holiday clothes lost.

_____ **Lottery winners' investment (and other!) problems.**

_____ University voted best in England.

**110. Beantworten Sie die Fragen.**

1. Where did it happen?

_____

2. What celebrations are affected by the regulation?

_____

3. How high are the fines?

_____

4. How long is the carnival?

_____

**111.** **Prägen Sie sich die folgenden Wörter mitsamt ihrer Nummerierung ein.**

▶ Memo-Tipp 5

| | |
|---|---|
| 1. book | 6. if |
| 2. memory | 7. sentence |
| 3. fill in | 8. both |
| 4. able | 9. very |
| 5. good bye | 10. be |

**111. Vervollständigen Sie den Text, indem Sie die den Ziffern entsprechenden Wörter eintragen.**

(6) _____ you are (4) _____ to

(3) _____ this (7) _____ , then your

(2) _____ works (9) _____ well and

this (1) _____ may have helped you. We can

(8) _____ (10) _____ happy.

(5) _____ !

2. two, four, seven, nine, ten, twelve, thirteen, fourteen, fifteen, eighteen, nineteen, twenty

3. Claudia and Eva are Austrian. Felipe is Spanish. Clara is Italian. Bernadette is Swiss. Peter is Dutch. Hans and Klaus are German.

4. January, March, May, July, August, October, December

5. food: pasta, chicken, salmon, sausage, soup
   jobs: factory worker, salesman, teacher, doctor, engineer

6. 1. It's a quarter to four / three forty-five. 2. It's midday / twelve o'clock. / It's midnight. 3. It's a quarter past six / six fifteen.
   4. It's half past three / three thirty. 5. It's twenty to six. / It's five forty.
   6. It's one (o'clock).
   Abgebildet sind: It's midday / twelve o'clock. It's midnight.
   It's a quarter to four.

7. Martin, England / Birmingham, Birmingham / England; architecture, office, father's

**Verschnaufpause:** Es sind mehr als 10 Dreiecke.

8. surname, date of issue, date of birth, first name, place of birth, date of expiry / Lösung: **nationality**

9. 2,562 / 15,827 / 128,426 / 327,814 / 1,905,366 / 20,000,008

10. 1. hamburger, yoghurt, tomato, strawberry, egg, carrot; 2. bread, fruit, milk, ham, butter, pasta

11. nice smells: plate of pasta, cup of coffee, cake, flower; bad smells: dustbin, rotten fish, skunk, sweaty feet

13. a napkin, a knife, a bottle

14. 1. $(+ 3) = 15 - 18$; 2. $(- 2) = 13 - 11$; 3. $(x 2) = 32 - 64$;
    4. $(x 2 + 1) = 95 - 191$

15. tomato, garlic

16. 1. true, 2. false, 3. false, 4. false

**17.** <u>Active person:</u> go for a walk / to the mountains / swimming / skiing / dancing, play tennis / football, ride a bike, do sports; <u>Passive person:</u> watch television, play cards / computer games, stay at home, listen to music

**Verschnaufpause:** Um 20 Vokabeln zu lernen braucht man genauso viel Zeit wie für das Doppelte der Hälfte von 20 Vokabeln, da es sich beide Male um 20 Vokabeln handelt.

**18.** activity, sport, hate, cinema, theatre, leisure

**19.** city-pretty, thought-bought, meat-feet, tear-beer, remember-November, wet-sweat, inviting-exciting

**Verschnaufpause:** 19 (die Zahlen folgen dem Schema + 3 − 1)

**20.** 1. wine, mineral water, beer; 2. chicken, pork, veal; 3. 19 (3 of wine, 4 of water, 12 of beer); 4. paper cups, paper napkins

**21.** Aussprache (phonetische Umschrift): a [äi], b [bi], c [si], d [di], e [i], f [eff], g [dschi], h [äitsch], i [ai], j [dschäi], k [käi], l [ell], m [emm], n [enn], o [ou], p [pi], q [kju], r [ar], s [ess], t [ti], u [ju], v [wie], w [dabel-ju], x [ex], y [uai], z [sett]

**Verschnaufpause:** Es fehlt der Buchstabe O. Die Buchstaben sind die Anfangsbuchstaben der englischen Zahlen von 10 bis 1 (ten − nine − eight − seven − six − five − four − three − two − one).

**25.** 1. Who's sleeping? 2. Where are you going? 3. When are you arriving? 4. Why aren't you coming? 5. What do you do?

**Verschnaufpause:** F (6. Buchstabe des engl. Alphabets) + N (14. Buchstabe des engl. Alphabets) = 20

**26.** 1. see swallows and plant flowers; 2. eat ice-cream and sunbathe; 3. harvest grapes and eat chestnuts; 4. wear a coat and go skiing

**27.** 2. Greenwich 3. Tower Hill 4. Baker Street 5. Kew Gardens 6. Preston Road

**Verschnaufpause:** Man benötigt vier Farben (gelb, rot, grün, blau). Der
englische Briefkasten ist rot. Auch wenn die Farbe Weiß vorkommt,
werden Sie sie sicherlich nicht für eine Zeichnung verwenden.

**28.** (to) drive, (to) eat, (to) get, (to) buy, (to) speak, (to) sing, (to) take,
(to) break. Es handelt sich um unregelmäßige Verben.

**29.** 1. You can find books in a library. 2. It closes at four. 3. You can find
chairs even on the stairs. 4. Writing that rhymes is called poetry.
5. He serves cake and tea.

**30.** logical – colossal, helicopter – liberal, lethargic – telephone,
general – surgery, physical – geography

**32.**

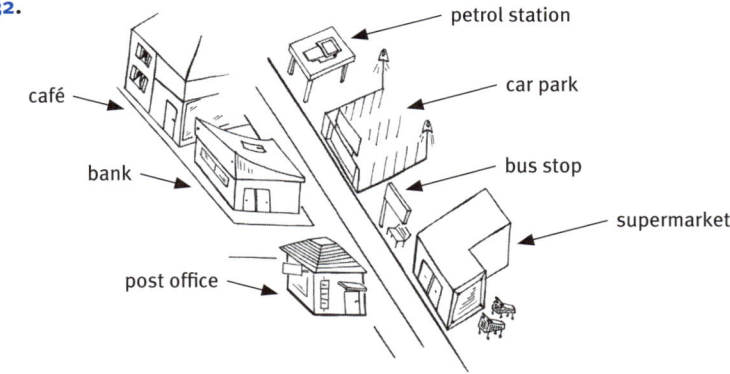

**33.** thin, pale, mouth, slim, stocky, old

**34.** Both wear glasses and have dark eyes and eyebrows. The father is
bald, he has a beard and a moustache and he is shorter than his son.
The son has hair, he doesn't have a beard or a moustache and he is
taller than his father.

**35.** shoulder 6, arm 3, finger 2, leg 7, foot 4, ear 5, head 1

**36.** nose, face, hair, legs, eyes, lips
(eyes) blue, (legs) slim, (face) oval, (lips) rosebud, (hair) greying,
(nose) lumpy

**37.** 1. hands; 2. heart; 3. eyes; 4. nose; 5. foot
1. To pay through the nose for something. 2. To put your foot in it.
3. To pull the wool over someone's eyes. 4. To be in good hands.
5. To take something to heart.

**41.** to talk about news without a specific time (sentences 5 + 7); to talk about the time until now (sentences 1 + 3); refers to a finished time (sentences 4 + 6 + 8) or a closed possibility (sentence 2)

**Verschnaufpause:** Yes, February, November and December are the only months which have 8 letters.

**42.** travel → velcro → crocus → custom → tomboy → boyfriend → friendship → shipment → mental → talisman → mankind → kindness

**43.** It's David's birthday on 20th January; Janet's on 21st February; Linda's on 28th July; Simon's on 12th August; Katie's on 30th September; Lucy's on 24th October; Sandra's on 14th November; Philip's on 22nd December.

**Verschnaufpause:** 9876

**44.** sight: watch, observe, see / transparent, light, green; hearing: listen / deafening; taste: taste / bitter, sweet, flavourless, smooth; touch: caress, stroke, touch, feel / rough, warm, soft, smooth; smell: sniff / sweet, fetid.
Die Adjektive *sweet* und *smooth* kommen zweimal vor.

**45.** 1. four: shoes, tie, skirt, gloves; 2. belt; 3. chestnut; 4. sweater / terrace; 5. yes

**46.** bottle = 3.; door = 1.; drawer = 4.; book = 5.; glass = 2.

**47.** 1. false; 2. true; 3. false; 4. true; 5. true; 6. true; 7. false; 8. false

**48.** Es gibt keine Veränderungen. / Zu Hause. (At home.)

**49.** 1. Jamie, 2. Patsy, 3. David, 4. Adrian, 5. Jack

**50.** shower, bath, study, toilet, window, mattress, towel, door, balcony, living room, storey, facade, floor, bidet
Oberbegriff: house and home

**51.**

| 1. | 2. | | | | |
|---|---|---|---|---|---|
| | | 3. | | 7. | |
| | | 4. | | 6. | 8. |
| | | | 5. | | 9. |
| | | | | 10. | |
| | | | | | 11. |

**Verschnaufpause:** X = sleep

**52.** 1. two cupboards; 2. five electrical appliances (fridge, oven, dishwasher, washing machine, vacuum cleaner); 3. a bath; 4. yes; 5. no, two

**53.** Der Name der Person und das Transportmittel beginnen jeweils mit demselben Buchstaben. Mögliche Lösung: <u>B</u>rendan: bus, boat; <u>T</u>ina: train, tram; <u>S</u>am: ship, sportscar. Weitere mögliche Kombinationen: <u>M</u>ichael: motorbike; <u>R</u>ita: rollerskates

**Verschnaufpause:** (10 x 2) + (5 x 3) + (3 x 4) = 47

**54.** heater (It's so cold!); umbrella (It's so rainy!); mattress (I'm so tired!); yawn (It's so boring!); glass (I'm so thirsty!); clock (It's so late!); sun (It's so hot!); scarf (It's so windy!); sandwich (I'm so hungry!), hair in the soup (It's so disgusting!)

**55.** low – fat – strong / rude – peaceful – far / wide – attentive – beautiful / long – intelligent – big

**Verschnaufpause:**

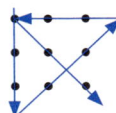

**56.** Mögliche Lösung: Tim is demanding. Linda and Will are stubborn. ...

**Verschnaufpause:** 1001

**58.** Mögliche Lösung: London; Cambridge; Liverpool / Blackpool / Poole; Newcastle; Bristol; York; Manchester / Colchester; Leeds

**59.** mother, sister, son, father, brother, nephew, aunt, cousin, daughter, husband

**Verschnaufpause:** ? = 1500 (Die Zahlenreihen folgen nacheinander dem Prinzip x 1, x 2, x 3, x 4, x 5.)

**60.** 1. recall, 2. labour, 3. tidy, 4. vestry; Lösung: **relatives**

**61.** ♂: widower, bachelor, husband; ♀: spinster, wife, divorcée, widow; ♂ +♀: single, spouse, partner

**Verschnaufpause:** Es sind 16 geometrische Figuren (ABHG, GHDE, ABDE, AFG, FGE, BCH, HCD, BCD, AFE, ABCF, FEDC, ABHF, ABCG, FHDE, GCDE, ABCDEF).

**62.** aeroplane: check in, landing, boarding pass, luggage check, take off; train: platform, station master, couchette; car: jack, headlight, brakes, clutch, windscreen wipers

**63.** It's hailing. It's snowing / It's snowy. It's raining / It's rainy. It's cloudy. It's sunny. It's foggy / There's fog. It's warm. It's cold.

**Verschnaufpause:**
⑥
②①
④③⑤

**64.** Good weather: Tuesday, Thursday, Friday; Bad weather: today, tomorrow, Wednesday, Saturday; Today is Sunday.

**65.** Don't go out: 5., Don't go in: 2., Don't stop: 1., Don't smoke: 4., Don't go through: 3.; Den verneinten Imperativ bildet man im Englischen mit *don' t* + Infinitiv des Verbs.

**66.** 2. Don't cross the lines. 3. Don't lean against the doors. 4. Don't play ball. 5. Don't bring dogs. 6. Don't smoke.

**67.** X = job; Y = capital; Z = career; A = department; B = company

**Verschnaufpause:** 1 + 1 + 1 + 1 + 11 = 15

**68.** <u>waagrecht:</u> accept, job, trainee, unemployed, contract, profession; <u>senkrecht:</u> apprentice, employ, interview, staff, career, work; <u>diagonal:</u> office;

Money makes the world go around.

**69.** Lösung: **Sir Winston Churchill**

**70.** <u>organic waste:</u> used paper napkin (auch bei *residual waste* möglich), apple peel, eggshell, coffee grounds, teabag; <u>residual waste:</u> dirty plastic cutlery; <u>paper and cardboard:</u> newspaper, book, notepad; <u>glass:</u> bottle, glass; <u>plastic waste:</u> washing-up-liquid bottle

**71.** 2, 5, 4, 3, 7, 9, 1, 8, 6

**72.** <u>simple past:</u> went, met, had, asked, dropped; <u>present perfect:</u> I've bumped into, I've bought, she's (always) said, I've (never) seen

**73.** 1. Mark, 2. Fiona, 3. David, 4. Lucas, 5. Ellen, 6. Pauline, 7. Lucy, 8. Claire

**Verschnaufpause:**

**75.** cow, hen, dog, worm, crow, cock, sheep, giraffe, penguin, horse, gorilla, hedgehog, cheetah, tiger, frog, sparrow, rabbit, bee, pigeon, falcon

**76.** 1. a white cat (Snowy), a black dog (Fido), a red fish (Billy); 2. all three live in a house; 3. white, black, red; 4. Susie is Snowy's owner and she's seven years old; 5. the cat and the fish

**77.** bedroom, airport, mango, porthole/manhole, swordfish, sun cream, letterbox, nameplate, headphones, sunflower, postman/postbox

**Verschnaufpause:**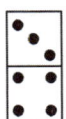

**79.** key + keyhole; monitor + computer; nut + screw; cigarette + match; lamp + bulb; telephone + receiver; glasses + nose; comb + hair; lid + saucepan; glove + hand; thread + needle

**80.** 1. slicer, 2. freezer, 3. scissors, 4. needle, 5. duster, 6. juicer, 7. hammer, 8. CD player, 9. cooker, 10. broom

**81.** Do you want to find the treasure? Take eight steps to the north starting from the skull-shaped rock. Take another thirty steps to the east and dig a hole. In the ground you will find a chest full of gold coins.

**Verschnaufpause:**

| 6 | 1 | 8 |
|---|---|---|
| 7 | 5 | 3 |
| 2 | 9 | 4 |

**82.** Merry Christmas!

**83.** <u>Panzer:</u> Will they fight with clubs? <u>Schuhe:</u> Will they wear animal skins? <u>Heizung:</u> Will they use fire for heating? <u>Supermarkt:</u> Will they hunt to eat? <u>Bett:</u> Will they sleep in caves?

**84.** 2. erstes und drittes Wort (will ... stay), 3. viertes und fünftes Wort (will tell), 4. sechstes und siebtes Wort (will invite), 5. sechstes und siebtes Wort (will pass), 6. fünftes und siebtes Wort (will ... come)

**85.** Mögliche Lösungen:
G: grapes / goat, giraffe / gardener / go
B: bread, butter / bird / builder / be
M: meat / monkey, mosquito / mother, minister / make
C: cheese / cow, cat / cook, chef / cut
S: sausage, salami / snake / sister, secretary / see

**Verschnaufpause:**

**86.** 1. away, 2. morning, 3. weepers, 4. together, 5. play, 6. rise
3-a; 6-b; 1-c; 5-d; 2-e; 4-f

**87.** 1. a beard; 2. the economy; 3. butter; 4. lips; 5. someone mad

**88.** boat – coat – cost – lost – most – mist

**89.** 1. white; 2. yellow; 3. blue; 4. green; 5. black; 6. blue; 7. white

**90.** 2. alley = Gasse → avenue = Allee; 3. boss = Chef → chef = Koch;
4. floor = Boden → corridor = Flur; 5. opinion = Meinung → meaning =
Bedeutung; 6. critic = Kritiker → review = Kritik

**91.** nicest / insect; leader / dealer; finger / fringe; sauce / cause; charm /
march; salesmen / nameless; silent / listen; wings / swing; canoes /
oceans

**Verschnaufpause:** Nach 12 Tagen (wenn man am 12. Tag das Seil um
2 Meter kürzt, bleiben nur noch 2 Meter übrig).

**92.** mögliche Lösung: charge a battery, dress a child, promote a product,
spend money, take your time, miss the train, save money, draw a
picture
miss my parents, spend time, draw the curtains, take a photo,
promote an employee, charge a high price, dress a salad, save a
person in danger

**94.** 1. near; 2. sweat; 3. low; 4. blood; 5. said (Diese Wörter werden
anders ausgesprochen.)

**97.** lamp, travel, summer, transparent, discover, grandmother, November,
letter, perfume, number, yellow, television, evening, boarding pass,
telephone call, apply for a job

**98.** Girl tries to sell grandmother on eBay
A ten-year-old girl tried to sell her grandmother on eBay because she
couldn't stand her any more. The girl described her grandmother on
the well-known auction site as someone who constantly complains
but is very affectionate. The girl did not set a minimum bid but before
eBay deleted the item 27 bids were received.

**99.** 300g piranha caught

A fully-grown piranha has been caught, much to the surprise of the angler, who took his catch home. It may have been thrown into the river by someone after emptying their aquarium at home.

**100.** kidnap, hold to ransom, report, arrest, demand a ransom, kidnapper, accuse, extortion;

kidnapped, held, considered, received, agreed, called

**101.** 1. f; 2. b; 3. d; 4. e; 5. a; 6. c

**102.** 1. A 70 year-old pensioner. 2. He found a wallet containing a winning lottery ticket and returned it to the owner.

**105.** 1. yes (one in the title); 2. 37 words; 3. six articles (the sky, the earth's..., a layer..., the earth..., the sun's..., the seven...); 4. two numbers (one + seven); 5. two "'s" with the same meaning: of or belonging to (the earth's atmosphere, the sun's rays)

**Verschnaufpause:** 60 (vom 1. bis 30. April 30 Blätter und vom 1. bis 30. Mai ebenfalls 30 Blätter; der 31. braucht nicht abgerissen zu werden)

**106.** His name is Cocorito. / He's called Cocorito; seven years old / seven years of age; ...that lives in the USA. / ...that lives in America; bird / parrot; as well as a child / like a child

**107.** 2. in the second sentence (James Doyle); 3. in the third sentence (13); 4. in the second sentence (Los Angeles); 5. in the first sentence (Guinness); 6. in the third sentence (the highest) 7. in the first sentence (new-born), in the third sentence (highest, living)

**Verschnaufpause:**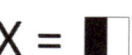

**108.** 1. road, 2. speed limit, 3. fined, 4. speeding, 5. detectives,
6. emergency call

**109.** 1, 4, 3, 2

**110.** 1. In Venice. 2. The carnival celebrations. 3. Between 25 and 500 €.
4. From 7th to 24th February.

Bei Wörtern mit Mehrfachbedeutungen ist die entsprechende Übungsnummer in runden Klammern angegeben. In eckigen Klammern werden unregelmäßige Formen (*simple past* und Partizip) der Verben angegeben.

Folgende Abkürzungen werden verwendet:

*Pl.*  Plural       *VP*  Verschnaufpause

| | | | |
|---|---|---|---|
| a few | einige | always | immer |
| a lot | viel | ancestors | Vorfahren |
| able (to be able) | in der Lage sein, | and | und |
| | fähig sein | angler | Angler |
| about | ungefähr (40); | animal | Tier |
| | über (41, 93) | animal skins | Pelze |
| accept | annehmen | anonymous | anonym |
| accident victim | (Verkehrsunfall-) | another | ein, -e anderer, |
| | Opfer | | -e, -es (29); |
| accuse (of) | anklagen (wegen) | | weiterer, -e, es |
| active | aktiv, sportlich | | (81, 107) |
| activity | Aktivität | answer | beantworten |
| adjective | Adjektiv, | anthropologist | Anthropologe/-in |
| | Eigenschaftswort | (not) any more | nicht länger, |
| advertising | Werbung | | nicht mehr |
| aeroplane | Flugzeug | apple | Apfel |
| affected by | betroffen sein von | apple peel | Apfelschale |
| affectionate | liebevoll | apply (for a job) | sich für eine |
| after | nachdem (93, 99); | | Stelle bewerben |
| | danach (103) | apprentice | Auszubildende(r) |
| age | Alter | approve | genehmigen |
| aggressive | aggressiv | April | April |
| ago | vor (*zeitlich*) | apron | Schürze |
| agree | zustimmen | aquarium | Aquarium |
| air | Luft | architecture | Architektur |
| airport | Flughafen | area | Gegend |
| alert | wach | arm | Arm |
| all | alle | around | um ... Herum |
| all day | den ganzen Tag | arrest | festnehmen |
| all over the world | auf der ganzen | arrive | ankommen |
| | Welt | artichoke | Artischocke |
| all the rest | alle anderen | article | Artikel |
| alley | Gasse | as | als |
| allowed | erlaubt | as usual | wie immer |
| almost | fast | as well as | so gut wie |
| alone | allein | ask | fragen, bitten |
| already | schon | at (+ *Uhrzeit*) | um |
| also | auch | at night | nachts |
| although | obwohl | at the moment | zur Zeit |

| | | | |
|---|---|---|---|
| atmosphere | Atmosphäre | berry | Beere |
| attack | angreifen | best | bester, -e, -es |
| attempt | versuchen | between | zwischen |
| attentive | aufmerksam | bicycle | Fahrrad |
| attic | Dachboden | bid | Gebot |
| auction | Auktion | bidet | Bidet |
| August | August | big | groß |
| aunt | Tante | bike | Fahrrad |
| Austrian | Österreicher; | bikini | Bikini |
| | österreichisch | bird | Vogel |
| autumn | Herbst | birthday | Geburtstag |
| avenue | Allee | bitter | bitter |
| away | weg, fern | black | schwarz |
| baby | Baby | blood | Blut |
| bachelor | Junggeselle | blouse | Bluse |
| back | zurück, nach | blue | blau |
| | hinten | boarding pass | Boardingpass |
| bad | schlecht | boat | Boot |
| bakery | Bäckerei | book | Buch; buchen (16) |
| balcony | Balkon | boot | Stiefel |
| bald | glatzköpfig | boring | langweilig |
| bank | Bank | born (was born) | geboren |
| bath | Bad (50); | boss | Chef |
| | Badewanne (52) | both | beide |
| bathrobe | Bademantel | bottle | Flasche |
| bathroom | Badezimmer | bow legs | O-Beine |
| battery | Batterie | bowl | Fischglas |
| be | sein | box | Kasten |
| be ... years old | ... Jahre alt sein | boyfriend | (fester) Freund |
| be from | kommen aus | bra | BH |
| beach | Strand | brain | Gehirn |
| bean | Bohne | brake | Bremse |
| bear | ertragen (71); | bread | Brot |
| | Bär (94) | bread rolls | Brötchen |
| beard | Bart | break | zerbrechen |
| beat up | verprügeln | [broke - broken] | |
| [beat - beaten] | | break in | einbrechen |
| beautiful | schön | breakfast | Frühstück |
| because | weil | bridegroom | Bräutigam |
| bed | Bett | bridge | Brücke |
| bedroom | Schlafzimmer | bright | fröhlich |
| bee | Biene | bring | (mit)bringen |
| beer | Bier | broom | Besen |
| before | bevor | brother | Bruder |
| behind | hinter | brown | braun |
| bell | Klingel | build [built - built] | (auf)bauen |
| belong to | (zu jdm/etw.) | builder | Bauarbeiter |
| | gehören | building | Haus, Gebäude |
| belt | Gürtel | bulb | Glühbirne |

| | |
|---|---|
| bump into | zufällig treffen |
| burnt | verbrannt |
| bus | Bus |
| bus stop | Bushaltestelle |
| but | aber; nur (4); außer (103) |
| butter | Butter |
| buy [bought - bought] | kaufen |
| by | neben (29); um (108); mit (53), von (100, 101) |
| café | Café |
| cake | Kuchen, Torte |
| call | Anruf (101); (an) rufen (103); heißen (106) |
| call back | noch einmal anrufen |
| can | können; dürfen (86) |
| canoe | Kanu |
| can't | nicht können |
| cap | Mütze, Kappe |
| capable | fähig, geschickt |
| capital | Vermögen, Kapital |
| car | Auto |
| car boot | Kofferraum |
| car crash | Autounfall |
| car park | Parkplatz |
| card | Karte |
| cardboard | Karton, Pappe |
| car-dealership | Autohandlung |
| care | Obhut |
| career | Karriere |
| carefully | gewissenhaft |
| caress | streicheln |
| carnival | Karneval |
| carpet | Teppich |
| carrot | Karotte |
| carry | tragen |
| cat | Katze |
| catch [caught - caught] | fangen; Fang |
| cause | Ursache |
| cave | Höhle |
| CD player | CD-Spieler |
| celebration | Feier |

| | |
|---|---|
| celebrity | Berühmtheit |
| cellar | Keller |
| century | Jahrhundert |
| certain | bestimmt |
| chair | Stuhl |
| chaos | Chaos |
| character | Figur |
| charge | aufladen; Geld verlangen |
| charm | Charme |
| chase | Verfolgungsjagd; verfolgen |
| cheat | betrügen |
| check in | Check-In |
| cheese | Käse |
| cheetah | Gepard |
| chef | Koch |
| chest | Truhe |
| chestnut | Kastanie |
| chicken | Hähnchen; Huhn |
| child | Kind |
| children | Kinder |
| chip | (zer)brechen |
| chocolate | Schokolade |
| choice | Wahl |
| choose | wählen |
| Christmas | Weihnachten |
| Christmas Day | 25. Dezember |
| chubby | pausbäckig |
| cigarette | Zigarette |
| cinema | Kino |
| city | Stadt |
| city council | Stadtverwaltung |
| clear | rein |
| clear sky | heiter Himmel |
| clock | Uhr |
| clog | Holzschuh |
| close | zumachen, schließen |
| closed | abgeschlossen |
| clothes | Kleidung |
| clothing | Kleidung |
| cloud | Wolke |
| cloudy | wolkig, bedeckt |
| club | Keule |
| clutch | Kupplung |
| coach | Reisebus |
| coat | Mantel |
| cock | Hahn |

| | |
|---|---|
| coffee | Kaffee |
| coffee grounds | Kaffeesatz |
| cold | kalt |
| collapse | zusammenbrechen |
| colleague | Kollege |
| colossal | riesig |
| colour | Farbe |
| comb | Kamm |
| come | kommen |
| come from | herkommen |
| come home | nach Hause kommen |
| company | Firma, Betrieb |
| competent | kompetent |
| complain | sich beschweren |
| complexion | Hautfarbe |
| computer | Computer |
| concert | Konzert |
| consider | befinden |
| constantly | ständig |
| construction worker | Bauarbeiter |
| contain | beinhalten, enthalten |
| contract | Vertrag |
| control | kontrollieren |
| cook | kochen (51 VP, 80); Koch (85) |
| cooker | Herd |
| cork | eine Flasche verkorken |
| corridor | Flur |
| cost | Preis |
| couchette | Liegewagenplatz |
| countable | zählbar |
| couple (a couple of ...) | (ein) paar |
| courgette | Zucchini |
| cousin | Cousin |
| cow | Kuh |
| crate | Kiste |
| cream | Sahne |
| crime story | Krimi |
| crisis | Krise |
| critic | Kritiker |
| crocus | Krokus |
| cross | überqueren |
| crow | Rabe |
| crushed | zerkleinert |
| cry | heulen |

| | |
|---|---|
| cup | Tasse, Becher |
| cupboard | Schrank |
| curly | lockig |
| curtain | Vorhang |
| custom | Gewohnheit |
| customary | üblich |
| cut | schneiden |
| cutlery | Besteck |
| danger | Gefahr |
| dark | dunkel |
| date of birth | Geburtsdatum |
| date of expiry | Ablaufdatum |
| date of issue | Ausstellungs- datum |
| daughter | Tochter |
| daughter-in-law | Schwiegertochter |
| day | Tag |
| deaf | taub |
| deafening | ohrenbetäubend |
| dealer | Händler |
| deceive | täuschen |
| December | Dezember |
| decorations | Schmuck |
| delete | löschen |
| delicious | lecker |
| delight | Freude |
| demand | fordern |
| demanding | anspruchsvoll |
| department | Abteilung |
| describe | beschreiben |
| dessert spoon | Dessertlöffel |
| detective | Kriminalbeamter |
| dictionary | Wörterbuch |
| die | sterben |
| dig | graben |
| dinner | Abendessen |
| dirty | schmutzig |
| discover | entdecken |
| discovery | Entdeckung |
| disgusting | eklig |
| dishwasher | Geschirrspüler |
| distracted | abgelenkt |
| diver | Taucher |
| divorcée | geschiedene Frau |
| do | machen, tun |
| do press-ups | Liegestütze machen |
| do sports | Sport machen |
| doctor | Arzt, Ärztin |

| | | | |
|---|---|---|---|
| Does it take ...? | Braucht man ...? | employ | beschäftigen; |
| dog | Hund | | einstellen |
| door | Tür | employee | Angestellter |
| double | doppelt, zweimal | empty | (ent)leeren |
| double bed | Doppelbett | enemy | Feind |
| down | hinunter | energy | Energie |
| downturn | Niedergang | engaged | besetzt |
| drain | abtropfen lassen | engineer | Ingenieur |
| draw | zeichnen; | enjoy | genießen |
| | zuziehen | enterprising | unternehmungs- |
| drawer | Schublade | | lustig |
| dream | Traum | essay | Aufsatz |
| dress | Kleid (47); | essentially | grundlegend |
| | anziehen (92); | Ethiopia | Äthiopien |
| | anmachen (92) | even | sogar |
| dressing gown | Morgenmantel | evening | Abend |
| drink | Getränk (20, 93); | evening prayer | Nachtgebet |
| [drank - drunk] | trinken (73, 80) | everyone | alle (Leute) |
| drive | fahren; | everywhere | überall |
| [drove - driven] | schlagen (80) | exam | Prüfung, Klausur |
| drive someone mad | jdn verrückt | exceed | überschreiten |
| | machen | except(ing) | außer |
| driveway | Einfahrt | exciting | aufregend |
| driver | Fahrer | exit | Ausgang, Ausfahrt |
| drop | fallen lassen | expectation | Erwartung |
| dry | (ab)trocknen | extortion | Erpressung |
| during | während | extroverted | extrovertiert |
| dust | abstauben | eye | Auge |
| dustbin | Mülltonne | eyebrow | Augenbraue |
| duster | Wischtuch | facade | Fassade |
| Dutch | Holländer(in); | face | Gesicht |
| | holländisch | factory worker | Fabrikarbeiter |
| duvet | Daunenbett | failure | Nichterfüllung |
| each | jeder, -e, -es | falcon | Falke |
| ear | Ohr | false | falsch |
| early | früh | false teeth | Gebiss |
| earth | Erde | family-owned | in Familienbesitz |
| east | Ost(en) | famous | berühmt |
| Easter | Ostern | fan | Fan |
| eat [ate - eaten] | essen | far | weit entfernt |
| economy | Wirtschaft | farm | Bauernhof |
| egg | Ei | fast | schnell |
| eggshell | Eierschale | fat | dick |
| elbow | Ellbogen | father | Vater |
| elderly | ältere | father-in-law | Schwiegervater |
| electrical appliance | Haushaltsgerät | fear | Angst |
| embarrassing | peinlich | feather | Feder |
| emergency call | Notruf | February | Februar |
| emergency lane | Standspur | feel | (sich) fühlen |

| | | | |
|---|---|---|---|
| ferry | Fähre | freeze | einfrieren |
| fetid | stinkend | freezer | Gefrierschrank |
| fight | kämpfen | French | Franzose, |
| fill | füllen | | Französin; |
| fill in | ausfüllen | | französisch |
| fillet | Filet | Friday | Freitag |
| film | Film | fridge | Kühlschrank |
| financially | finanziell | friend | Freund |
| find [found - found] | finden | friendship | Freundschaft |
| fine | Bußgeld | fringe | Pony *(Haare)* |
| | verhängen (108); | frog | Frosch |
| | Bußgeld (110) | from | aus; vor (105) |
| finger | Finger | fruit | Obst |
| finished | abgeschlossen, | full | voll(er) |
| | beendet | full of | voll mit |
| fire | Feuer | fulfil | verwirklichen |
| first | erster, -e, -s; | full-time | Vollzeit |
| | zuerst | fully-grown | ausgewachsen |
| first name | Vorname | gardener | Gärtner |
| fish | Fisch | garlic | Knoblauch |
| flashing | blinkend | gas | Gas |
| flat | Wohnung | gene | Gen |
| flavourless | geschmacklos | general | allgemein |
| flip-flops | Flipflops | generous | großzügig |
| flipper | Flosse | geography | Geografie |
| flock | scharen | German | Deutscher, -e; |
| floor | Fußboden; | | deutsch |
| | Stockwerk (104) | get [got - got] | bekommen |
| flower | Blume | | (bekam) |
| fog (there's fog) | Nebel (es ist neblig) | get under | unter etw. gehen |
| foggy | neblig | get up | aufstehen |
| folder | Mappe, Ordner | getting old | altern |
| fondly | mit Sehnsucht | giraffe | Giraffe |
| food | Lebensmittel; | girl | Mädchen |
| | Essen | give chase | eine Verfol- |
| foot *(Pl.* feet) | Fuß | | gungsjagd |
| football | Fußball | | starten |
| football match | Fußballspiel | glass | (Trink-)Glas |
| for | für (37, 67); | glasses *(Pl.)* | Brille |
| | als (83); | glove | Handschuh |
| | um (103) | go [went - gone] | gehen; fahren |
| for *(+ Zeitangabe)* | ... lang / für ... | go away | fortgehen |
| forest | Wald | go dancing | zum Tanzen |
| forget | vergessen | | gehen |
| fork | Gabel | go for a walk | spazieren gehen |
| form | bilden | go skiing | Ski fahren |
| forward | nach vorn | go swimming | schwimmen gehen |
| free | frei (16); | go through | durchgehen |
| | umsonst (29) | go to bed | schlafen gehen |

| | |
|---|---|
| go to the mountains | in die Berge gehen, wandern gehen |
| goal | Tor |
| goat | Ziege |
| goggles | Taucherbrille |
| gold coin | Goldmünze |
| golden jubilee | goldenes Jubiläum |
| good | gut |
| good bye | auf Wiedersehen |
| gorilla | Gorilla |
| grandfather | Großvater |
| grandmother | Großmutter |
| grandparents | Großeltern |
| grandson | Enkel |
| grapes | Trauben |
| great-grandparents | Urgroßeltern |
| great-great-grandparents | Ururgroßeltern |
| green | grün |
| greetings | Grüße |
| grey | grau |
| greying | grau meliert |
| ground | Boden |
| guard | bewachen |
| gym | Fitness-Studio |
| hail | hageln; Hagel |
| hair | Haar(e) |
| hairy | behaart |
| half | halb |
| half asleep | halb schlafend |
| half-close | anlehnen |
| hall | Eingangsbereich |
| ham | Schinken |
| hamburger | Hamburger |
| hammer | Hammer |
| hand | Hand |
| hand over | übergeben |
| handbag | Handtasche |
| happen | stattfinden, passieren |
| happy | zufrieden, glücklich |
| hard | hart |
| hardly ever | fast nie |
| harvest | ernten |
| hat | Hut |
| hate | hassen |
| hath | er, sie, es hat |
| have (got) [had - had] | haben |
| have a break | eine Pause machen |
| have a coffee | einen Kaffee trinken |
| have a look | schau es dir an |
| have a shower | (sich) duschen |
| have breakfast | frühstücken |
| have dinner | zu Abend essen |
| have to (do) | (tun) müssen |
| hazard lights | Warnblinklicht |
| head | Kopf |
| headlight | Scheinwerfer |
| headphones | Kopfhörer |
| healthy | gesund |
| hear | hören |
| hearing | Hören *(Sinn)* (44); Gehör (71) |
| hearing aid | Hörgerät |
| heart | Herz |
| heat | Hitze |
| heater | Heizkörper |
| heating | Heizung |
| hedgehog | Igel |
| height | Größe |
| helicopter | Hubschrauber |
| help | Hilfe (103); helfen (111) |
| hen | Henne |
| high | hoch |
| himself | selbst |
| hire | mieten |
| history | Geschichte |
| hold | halten |
| hold to ransom | gegen Lösegeld festhalten |
| hole | Loch |
| holidays | Urlaub |
| home (at) | Heim (50), Haus, zu Hause (17, 48, 99), nach Hause (99) |
| honest | ehrlich |
| horizontal stripes | Querstreifen |
| horse | Pferd |
| hospital | Krankenhaus |

| | |
|---|---|
| hot | heiß |
| house | Haus; beherbergen (104) |
| how many? | wie viele? |
| how(?) | wie(?) |
| hungry | hungrig |
| hunt | jagen |
| husband | Ehemann |
| ice-cream | (Speise-)Eis |
| idolise | vergöttern |
| if | wenn; ob (83) |
| ill | krank |
| illegal | illegal |
| illness | Krankheit |
| illogical | unlogisch |
| immoral | unmoralisch |
| impatient | ungeduldig |
| impulsive | impulsiv |
| in front (of ...) | (da)vor |
| in the middle | (in der) Mitte |
| incapable | unfähig, ungeschickt |
| inflated | übertrieben |
| insect | Insekt |
| instrumental | instrumental |
| intelligent | intelligent |
| interests | Interessen |
| interview | Vorstellungsgespräch (68); Interview (76) |
| investment | Investition |
| invite | einladen |
| inviting | einladend |
| irregular | unregelmäßig |
| Italian | Italiener; italienisch |
| item | Eintrag |
| item of clothing | Kleidungsstück |
| It's ... (o'clock). | Es ist ... Uhr. |
| It's midday / twelve o'clock. | Es ist Mittag / zwölf Uhr. |
| It's midnight / twelve o'clock. | Es ist Mitternacht / zwölf Uhr. |
| It's one o'clock. | Es ist ein Uhr |
| jack | Wagenheber |
| jacket | Jacke |
| January | Januar |
| jealous | eifersüchtig |
| jester | Hofnarr |
| job | Beruf, Arbeit, Stelle |
| job centre | Arbeitsamt |
| joy | Freude |
| juicer | Zitruspresse |
| July | Juli |
| June | Juni |
| jungle | Dschungel |
| keep | (ab-/be-/er-) halten |
| kennel | Hundehütte |
| key | Schlüssel |
| keyhole | Schlüsselloch |
| kidnap | entführen |
| kilo | Kilo |
| kindness | Freundlichkeit |
| kitchen | Küche |
| knee | Knie |
| knife | Messer |
| know | wissen, kennen |
| kph (kilometres per hour) | Stundenkilometer |
| labour | Arbeit |
| lamp | Lampe |
| landing | Landung |
| last | letzter, -e, -es |
| late | spät |
| lay [laid - laid] | liegen |
| layer | Schicht |
| lazy | faul |
| leader | Anführer |
| leaf through | durchblättern |
| lean (against) | (an)lehnen |
| leap year | Schaltjahr |
| learn | lernen |
| least | am wenigsten |
| leather | Leder |
| leave [left - left] | verlassen (40); lassen (58); (weg)gehen (100) |
| leg | Bein |
| legal | legal |
| legend | Legende |
| leisure | Freizeit |
| lemonade | Limonade |
| less (than) | weniger (als) |
| lessons | Unterricht |
| let (through) | (durch)lassen |
| lethargic | lethargisch |

| | | | |
|---|---|---|---|
| letter | Buchstabe; Brief (77) | make up | zusammensetzen |
| letterbox | Briefkasten | man (*Pl.* men) | Mann |
| liberal | liberal | mango | Mango |
| library | Bibliotek | manhole | Einstieg |
| lid | Deckel | mankind | Menschheit |
| lie | liegen | many | viele |
| life | Leben | map | Karte, Plan |
| lift | Aufzug | March | März |
| light | hell (44); Licht (58, 108) | march | Marsch |
| | | market | Markt |
| like | mögen; wie (106) | match | Spiel (12); Zündholz (79) |
| limit | (Höchst-)Grenze | material | Stoff |
| limited company | GmbH | mattress | Matratze |
| lines | Gleise | May | Mai |
| link | verbinden | may | (eventuell) können |
| lips | Lippen | mean | bedeuten |
| list | Liste | meaning | Bedeutung |
| listen (to) | (zu-/an-)hören | meat | Fleisch |
| little (a) | ein bisschen, etwas | meet [met - met] | kennenlernen (41, 58), treffen (72) |
| live | wohnen, leben | | |
| living | lebend | memory | Gedächtnis |
| living room | Wohnzimmer | mental | mental, geistig |
| logical | logisch | Merry Christmas! | Frohe Weihnachten! |
| London Underground | Londoner U-Bahn | metre | Meter |
| long | lang | miaow | miauen |
| long (longer) | lang (länger) | milk | Milch |
| look | schauen | (mineral) water | (Mineral-)Wasser |
| look for | suchen | minimum | Mindest- |
| lorry | Lastwagen | minister | Minister |
| lose [lost - lost] | verlieren | minute | Minute |
| lots | viele | misbehave | sich schlecht benehmen |
| lottery | Lotto | | |
| lottery ticket | Lottoschein | miss | vermissen; verpassen |
| lovely | schön | | |
| lover | Liebhaber | missing | fehlen |
| loving | liebevoll | mist | Nebel |
| low | niedrig; tief | mobile phone | Handy |
| luggage check | Gepäckkontrolle | modest | bescheiden |
| lumpy (nose) | Kartoffelnase | moment | Augenblick |
| mad | verrückt | Monday | Montag |
| maid | Magd | money | Geld |
| main | Haupt- | money makes the world go around | Geld regiert die Welt |
| make [made - made] | machen | | |
| make a (phone) call | anrufen, telefonieren | monitor | Monitor |
| | | monk | Mönch |

| | | | |
|---|---|---|---|
| monkey | Affe | no access | kein Durchlass |
| month | Monat | no entry | Zutritt verboten |
| moral | moralisch | no exit | kein Ausgang |
| morning | Vormittag, Morgen | no smoking | Rauchen verboten |
| mosquito | Mücke | no waiting | Halteverbot |
| most | am meisten | noise | Lärm |
| mother | Mutter | none too modest | nicht zu bescheiden |
| motorbike | Motorrad | | |
| mountain(s) | Berg(e) | north | Nord(en) |
| mouse (*Pl.* mice) | Maus | nose | Nase |
| moustache | Schnurrbart | not | nicht |
| mouth | Mund | not at all | überhaupt nicht |
| move | bewegen | notepad | Heft, Notizblock |
| much to the surprise of ... | sehr zur Über- raschung von ... | nothing | nichts |
| | | notice | merken |
| mules | Pantoffel | novel | Roman |
| music | Musik | November | November |
| my name's | ich heiße | now | jetzt, nun |
| nail | Nagel | nowadays | heutzutage |
| name | Name | number | Zahl, Nummer |
| nameless | namenlos | nut | Mutter *(Schraube)* |
| nameplate | Namenschild | oat | Hafer |
| napkin | Serviette | observe | beobachten, |
| narrow | eng, schmal | | betrachten |
| nationality | Staatsange- hörigkeit | occasionally | ab und zu |
| | | ocean | Ozean |
| near | nah | October | Oktober |
| neat | ordentlich | odyssey | Odyssee (Irrfahrt) |
| neck | Hals | of | von |
| necklace | Halskette | office | Büro |
| need | brauchen, benötigen | oil | Öl |
| | | old | alt |
| needle | Nadel | on | am (12, 43); |
| negotiate | verhandeln | | an (58); |
| nephew | Neffe | | über (90) |
| never | nie(mals) | | |
| new born | eben erst auf die Welt gekommen | on foot | zu Fuß |
| | | on their way | auf dem Weg |
| | | on TV | im Fernsehen |
| New Year's Day | Neujahr | one-way | Einbahn- |
| news | Neuigkeiten | onion | Zwiebel |
| newspaper | Tageszeitung | only | nur; einzig (41 VP) |
| next (the) | nächster, -e, -es | open | öffnen |
| next to | neben | opinion | Meinung |
| nice | schön | opportunity | Möglichkeit |
| niece | Nichte | opposite (of) | gegenüber (32); |
| night | Nacht | | Gegenteil |
| no | nein (12, 29); kein (65, 101) | | (von) (88) |
| | | or | oder |

| | | | |
|---|---|---|---|
| order | Reihenfolge | perfect | perfekt |
| organic waste | Biomüll | perfume | Duft, Parfüm |
| originally | ursprünglich | person | Person |
| other | anderer, -e, -es | personnel | Personal |
| out | außer Haus | petrol | Benzin |
| outside | draußen | petrol station | Tankstelle |
| oval | oval | photo(graph) | Foto |
| oven | Ofen | phyisical(ly) | physisch, |
| over | über | | körperlich |
| overtaking | Überholvorgang | pick | nehmen |
| manoeuvre | | pickled | eingelegt |
| owner | Besitzer | picture | Bild, Abbildung |
| oxygen tank | Sauerstoffflasche | pigeon | Taube |
| pack | (ein)packen | piranha | Piranha |
| paint | malen | pistol | Pistole |
| pale | blass | place of birth | Geburtsort |
| pants | Unterhose | plan | planen |
| paper | Papier (20, 70); | plant | pflanzen (26); |
| | Pappe (20) | | Pflanze (93) |
| parcel | Paket | plastic | Plastik |
| parents | Eltern | plate | Teller |
| park | parken | platform | Gleis |
| parrot | Papagei | play | spielen |
| part | Teil | play ball | Ball spielen |
| partner | Lebensgefährte, | play cards | Karten spielen |
| | -in | play computer | auf dem Computer |
| part-time | Teilzeit | games | spielen |
| party | Fest, Feier | play football | Fußball spielen |
| pass | bestehen | play tennis | Tennis spielen |
| pass on | weitergeben | please | bitte |
| passionate | leidenschaftlich | poet | Dichter(in) |
| passive | passiv, | poetry | Dichtung |
| | unsportlich | police | Polizei |
| past | Vergangenheit | police car | Polizeiwagen |
| pasta | Nudeln | polite | höflich, nett |
| patient | geduldig | poor | arm |
| paw | Pfote | pork | Schweinefleisch |
| pay [paid - paid] | bezahlen | port | Hafen |
| peaceful | friedlich | porthole | Bullauge |
| pear | Birne | possibility | Möglichkeit |
| peck (a) | eine ganze Menge | possible | möglich |
| pedestrian | Fußgänger | post office | Post(amt) |
| pen | Kugelschreiber | postbox | Briefkasten |
| pencil | Bleistift | postman | Briefträger |
| penguin | Pinguin | prefer | bevorzugen, |
| pensioner | Rentner | | vorziehen |
| people | Leute, Menschen | present | Geschenk (28, 82); |
| pepper | Pfeffer (13); | | Gegenwart (41) |
| | Paprika (49) | present perfect | Perfekt |

| | | | |
|---|---|---|---|
| press | Presse | relax | sich entspannen |
| pretty | hübsch | remember | sich erinnern |
| price | Preis | remote | abgeschieden |
| primary school | Grundschule | report | anzeigen |
| print | Druck | residual waste | Restmüll |
| private | privat | respect | respektieren |
| probably | wahrscheinlich | responsible | verantwortlich |
| problem | Problem | restaurant | Restaurant |
| product | Produkt | result in | etw. zur Folge |
| profession | Beruf | | haben |
| programme | Sendung | return | zurückgeben |
| promote | fördern; bewerben | review | Kritik |
| pronounce | aussprechen | rhyme | Reim |
| protect | schützen | ride a bike | Rad fahren |
| purple | lila | right | richtig |
| put | legen | rise | aufstehen |
| pyjamas | Schlafanzug | river | Fluss |
| quarter (a) | Viertel | road | Straße |
| queen | Königin | road accident | (Verkehrs-)Unfall |
| question mark | Fragezeichen | rock | Fels |
| quick | schnell | roller skates | Rollschuhe |
| quite | ziemlich | Roman (nose) | Adlernase |
| rabbit | Kaninchen | roof | Dach |
| radio | Radio | room | Zimmer |
| rain | Regen; regnen | rosebud | Rosenknospe |
| raincoat | Regenmantel | rotten | faul, verdorben |
| rainy | regnerisch | rough | rau |
| raise capital | Kapital | round | rund |
| | aufbringen | rubber | Radiergummi |
| ransom | Lösegeld | rude | unhöflich |
| rarely | selten | ruined | ruiniert |
| ray | Strahl | ruler | Lineal |
| reach | erreichen | rumour | Gerücht |
| read [read - read] | lesen | safe | sicher |
| reading | Lesen | safety belt | Sicherheitsgurt |
| reading glasses | Lesebrille | salad | Salat |
| really | wirklich | salami | Salami |
| recall | Rückruf | sale (for sale) | Verkauf (zu |
| receipt | Quittung | | verkaufen) |
| receive | eingehen (98); | sales | Verkauf |
| | erhalten (100) | salesman | Verkäufer |
| receiver | Hörer | salmon | Lachs |
| record | Rekord | salt | Salz |
| red | rot | same (the) | der-, die-, |
| refer to | sich auf etw. | | dasselbe |
| | beziehen | sandwich | belegtes |
| regular(ly) | regelmäßig | | Brötchen |
| regulation | Regelung | Saturday | Samstag |
| relatives | Verwandte | sauce | Soße |

| | |
|---|---|
| saucepan | Topf |
| sausage | Wurst |
| save | sparen; retten |
| say [said - said] | sagen |
| scarf | Schal |
| school | Schule |
| school year | Schuljahr |
| scissors | Schere |
| scooter | Roller |
| screw | Schraube |
| scuff | abnutzen |
| sea shell | Muschel |
| sea shore | Küste |
| seaside | Strand |
| secret | Geheimnis |
| secretary | Sekretärin |
| see [saw - seen] | sehen |
| seed | Samen |
| sell [sold - sold] | verkaufen |
| sentence | Satz |
| September | September |
| seriously | ernst |
| serve | servieren |
| set | festsetzen |
| set up | starten |
| several | mehrere |
| sew | nähen |
| sex | Geschlecht |
| sharpener | Spitzer |
| sheep (Pl. sheep) | Schaf |
| shepherd | Schäfer |
| ship | Schiff |
| shipment | Lieferung |
| shoe | Schuh |
| short | klein; kurz (55) |
| short cut | Abkürzung |
| should | (er, sie) sollte |
| shoulder | Schulter |
| shower | Dusche; Schauer (64) |
| sidecar | Beiwagen |
| sight | Sehen (Sinn) |
| silent | still |
| similar | ähnlich |
| simple past | einfache Vergangenheit |
| sing [sang - sung] | singen |
| single | Single |
| sister | Schwester |

| | |
|---|---|
| site | Internetseite |
| skateboard | Skateboard |
| ski | Ski |
| ski-boot | Skischuh |
| skirt | Rock |
| skull-shaped | in Form eines Totenkopfs |
| skunk | Stinktier |
| sky | Himmel |
| skyscraper | Wolkenkratzer |
| slam | zuschlagen |
| sledge | Schlitten |
| sleep [slept - slept] | schlafen |
| slicer | Schneidemaschine |
| slightly | leicht |
| slim | schlank |
| slipper | Hausschuh |
| small | klein |
| smell | Duft (11); Geruchssinn (44); Geruch (89) |
| smoke | rauchen |
| smooth | glatt |
| snake | Schlange |
| sniff | schnüffeln |
| snow | Schnee; schneien |
| snowy | verschneit |
| snub (nose) | Stups(nase) |
| so | so (sehr) (54, 89); also (93) |
| so much | so sehr |
| sociable | gesellig |
| socks | Socke |
| sofa | Sofa |
| soft | weich |
| some | manche |
| someone | jemand |
| something | etwas |
| son | Sohn |
| son-in-law | Schwiegersohn |
| song | Lied |
| soon | bald |
| sorry | es tut mir leid |
| soup | Suppe |
| Spanish | Spanier; spanisch |
| sparrow | Spatz |
| speak [spoke - spoken] | sprechen |

| | |
|---|---|
| specially | vor allem, besonders |
| specific | bestimmter, -e, -es |
| speed limit | Geschwindig- keitsgrenze |
| speeding | Geschwindigkeits- überschreitung |
| spend | verbringen (*Zeit*) (71, 76, 92); ausgeben (*Geld*) (92) |
| spinster | unverheiratet (*Frau*) |
| spoon | Löffel |
| sportscar | Sportwagen |
| sportsman | Sportler |
| spotted | gepunktet |
| spouse | Ehepartner |
| spread | verbreiten, verteilen |
| spring | Frühling |
| square metre | Quadratmeter |
| staff | Belegschaft |
| stair(s) | Treppe |
| stand | stehen (22); ertragen (98) |
| stand on | steigen auf |
| start from | beginnen bei |
| station master | Bahnhofs- vorsteher |
| stay | bleiben |
| stay at home | zu Hause bleiben |
| steak | Steak |
| steal | stehlen |
| step | Schritt |
| stick | Stock |
| still | immer noch |
| stimulating | anregend |
| stockmarket | Börse |
| stocky | untersetzt |
| stomach | Bauch |
| stop | (an)halten |
| storage room | Abstellkammer |
| storey | Stock(werk) |
| storm | Gewitter |
| story | Geschichte |
| strangely enough | komischerweise |
| strawberry | Erdbeere |
| street | Straße |

| | |
|---|---|
| stretch | sich recken und strecken |
| stroke | streicheln |
| strong | stark |
| stubborn | dickköpfig |
| study | studieren (7), lernen (40); Büro (50, 51) |
| stupid | dumm |
| such as | wie zum Beispiel |
| suck a sweet | ein Bonbon lutschen |
| suddenly | plötzlich |
| sufficient | genug, ausrei- chend |
| suitcase | Koffer |
| sum | Summe |
| summer | Sommer |
| sun | Sonne |
| sunbathe | sich sonnen |
| sun cream | Sonnencreme |
| Sunday | Sonntag |
| sunflower | Sonnen- blume |
| sunlight | Sonnenlicht |
| sunny | sonnig |
| superlative | Superlativ (*höchste Steige- rungsstufe*) |
| supermarket | Supermarkt |
| surgery | Arztpraxis, Chirurgie |
| surname | Nachname |
| surprise | Überraschung |
| swallow | Schwalbe |
| sweat | schwitzen; Schweiß |
| sweater | Pullover |
| sweaty | verschwitzt |
| sweep | fegen |
| sweet | süß (44); Bonbon (74) |
| swing | Schaukel |
| Swiss | Schweizer(in); schweizerisch |
| switch | vertauschen |
| sword | Schwert |

| | |
|---|---|
| swordfish | Schwertfisch |
| synonym | Synonym (*sinnverwandtes Wort*) |
| table | Tisch |
| tactless | taktlos |
| take [took - taken] | nehmen; gehen (22, 81); mitnehmen (99) |
| take a photo | ein Foto machen |
| take into account | in Betracht ziehen |
| take into custody | in Verwahrung nehmen |
| take off | Start (*Flugzeug*) |
| take your time | laß dir/lassen Sie sich Zeit |
| talisman | Talisman |
| talk | reden, sprechen |
| talkative | redselig |
| tall | groß |
| taste | schmecken; Geschmack(ssinn) |
| tasteless | geschmacklos |
| tea | Tee |
| teabag | Teebeutel |
| teacher | Lehrer(in) |
| tear | Träne |
| (tele)phone | Telefon |
| (tele)phone call | Anruf |
| (tele)phone number | Telefonnummer |
| television | Fernseher |
| tell | sagen |
| terrace | Terrasse |
| text | Text |
| than | als |
| Thank God! | Gott sei Dank! |
| thanks to | dank |
| that | der, die, das; jener, -e, -es |
| theatre | Theater |
| then | dann |
| there are | es gibt, dort sind |
| there's (is) | es gibt, es ist; es findet statt |
| thick | dicht, dick |
| thief | Dieb, Räuber |

| | |
|---|---|
| thin | schlank (33), schmal (36); dünn (55) |
| thing | Sache |
| think [thought - thought] | denken, glauben |
| thirsty | durstig |
| this | dieser, -e, -es |
| thread | Faden |
| through | durch |
| throughout | in ganz |
| throw | werfen |
| thunder (there's thunder) | Donner (es donnert) |
| Thursday | Donnerstag |
| tidy | ordentlich |
| tie | Kravatte |
| tiger | Tiger |
| tight | eng anliegend |
| time | Zeit (29, 41, 76, 92); Mal (41, 41 VP, 72) |
| tired | müde |
| title | Titel |
| to be in good hands | in guten Händen sein |
| to pay through the nose for something | tief in die Tasche greifen müssen |
| to pull the wool over someone's eyes | jdn hinters Licht führen |
| to put your foot in it | ins Fettnäpfchen treten |
| to take something to heart | etw. zu Herzen nehmen |
| to the left/right | (nach) links/rechts |
| today | heute |
| toga | Toga |
| together | zusammen |
| toilet | Klo |
| toilet paper | Klopapier |
| tomato | Tomate |
| tomboy | burschikoses Mädchen |
| tomorrow | morgen |
| too | zu (89, 104); auch (93) |
| total (in total) | (ins)gesamt |

| | | | |
|---|---|---|---|
| touch | Fühlen, Tasten (Sinn); berühren | venture capital | Risikokapital |
| towards | in Richtung | verb | Verb |
| towel | Handtuch | very | sehr |
| town | Stadt | very much | sehr viel |
| tracksuit | Trainingsanzug | vest | Unterhemd |
| tracksuit bottoms | Sporthose | vestry | Sakristei |
| traffic | Verkehr | victim | Opfer |
| train | Zug | vinegar | Essig |
| trainee | Lehrling; Praktikant | visit | besuchen |
| trainer | Trainer; Turn- schuh | visitor | Besucher |
| | | vote | wählen |
| trainers | Sportschuhe | vowel | Vokal |
| tram | Tram | wait | warten |
| transparent | durchsichtig | walk around | (herum)gehen |
| travel | (ver)reisen; fahren (53); sich bewegen (53) | wall | Wand |
| | | wallet | Brieftasche |
| | | want | wollen |
| | | wardrobe | Kleiderschrank |
| treasure | Schatz | warm | warm |
| tree | Baum | warning | Warnung |
| trousers | Hose | wash | spülen |
| true | richtig | washbasin | Waschbecken |
| try | versuchen, probieren | washing machine | Waschmaschine |
| | | washing-up liquid | Waschmittel |
| Tuesday | Dienstag | waste | Müll |
| tumour | Tumor | watch | (an)schauen |
| ugly | häßlich | watch television | fernsehen |
| umbrella | Regenschirm | weak | schwach |
| uncle | Onkel | wealthy | wohlhabend |
| uncork | eine Flasche entkorken | wear | tragen, anziehen |
| | | weather | Wetter |
| uncountable | unzählbar | Wednesday | Mittwoch |
| undone | unvollendet | week | Woche |
| unemployed | arbeitslos | weep | heulen |
| unhappy | unzufrieden, unglücklich | well | gut |
| | | well-known | berühmt, bekannt |
| university | Universität | wet | nass |
| untidy | unordentlich | wet suit | Taucheranzug |
| until | bis | what do you call ...? | wie nennt man ...? |
| unusual | ungewöhnlich | what do you do? | was sind Sie von Beruf? |
| use | benutzen, verwenden | what kind of ...? | welche Art von ...? |
| used | gebraucht | what time? | um wie viel Uhr? |
| vacuum cleaner | Staubsauger | what(?) | was?, was für?; was (84, 89) |
| vain | eitel | | |
| veal | Kalb | what's the sum of ...? | was ergibt ...? |
| velcro | Klettverschluss | wheel | Rad |

| | | | |
|---|---|---|---|
| when(?) | wann? (25); als (41, 71, 72); (immer) wenn (29, 41, 76, 86) | wing | Flügel |
| | | winner | Gewinner |
| | | winter | Winter |
| | | winter sport | Wintersport |
| where(?) | wo?, wohin? (25), woher? (89); von wo (93); wo (93) | wise | weise |
| | | with | mit |
| | | without | ohne |
| | | wife | Ehefrau |
| whether | ob | wolf | Wolf |
| which ones? | welche? | woman (Pl. women) | Frau |
| which(?) | was für?, welcher, -e, -es(?); der, die, das | wonder | sich fragen |
| | | wood | Holz |
| | | word | Wort |
| whistle | pfeifen | work | arbeiten (7, 29, 67); funktio- nieren (111); Arbeit (68, 109) |
| white | weiß | | |
| who knows if ...? | wer weiß ob ...? | | |
| who(?) | wer?; der, die | | |
| whole | ganz | worker | Arbeiter |
| whose | dessen | world | Welt |
| why? | warum? | World Cup | Weltmeister- schaft |
| wide | weit (55); breit (104) | | |
| | | worm | Wurm |
| widow(er) | Witwe(r) | worth | wert |
| wife | Ehefrau | wreath | Kranz |
| will still ... | immer noch ... werden | write [wrote - written] | schreiben |
| win [won - won] | Sieg (38); gewinnen (41 VP, 109) | yawn | Gähnen (54); gähnen (74) |
| | | year | Jahr |
| win the lottery | im Lotto gewinnen | yellow | gelb |
| wind | Wind | yes | ja |
| window | Fenster | yesterday | gestern |
| windscreen wipers | Scheibenwischer | yoghurt | Joghurt |
| windy | windig | you | du; man (26, 29) |
| wine | Wein | young | jung |